纺织服装高等教育"十二五"部委级规划教材

服装生产流程与管理技术(第三版)

FUZHUANG SHENGCHAN LIUCHENG YU GUANLI JISHU

主　编　蒋晓文

副主编　周　捷

东华大学出版社

内 容 提 要

本书以研究服装工业化生产的理论与实践为中心，主要介绍服装生产概况、生产准备、裁剪、黏合、缝制、整烫、检验、包装、储运等工艺过程，以及生产计划与控制、作业研究与管理、服装质量标准、成本管理等管理过程，对各工艺过程的工艺参数、工艺设备、技术质量要求及品质控制等进行了分析与研究，最后还介绍了服装厂基本建设情况。

图书在版编目(CIP)数据

服装生产流程与管理技术/蒋晓文主编.—3 版.
—上海：东华大学出版社，2013.9
ISBN 978-7-5669-0364-8
I. ①服... II.①蒋... III. ①服装工业—生产流
程②服装工业—生产管理 IV. ①F407.866.2
中国版本图书馆 CIP 数据核字(2013)第 220324 号

责任编辑 杜亚玲
封面设计 潘志远

服装生产流程与管理技术(第三版)

主编：蒋晓文 副主编：周 捷
东华大学出版社出版
上海市延安西路 1882 号
邮政编码：200051 电话：(021)62193056
新华书店上海发行所发行 句容市排印厂印刷
开本：787mm×1092mm 1/16 印张：13.5 字数：330 千字
2013 年 9 月第 3 版 2013 年 9 月第 1 次印刷
ISNB 978-7-5669-0364-8/TS·436
定价：32.00 元

前 言 (第三版)

∙∙∙

　　《服装生产流程与管理技术》(第二版)已出版四五年,得到了高等服装院校师生和社会读者的肯定和认同,2010 年 12 月荣获中国纺织服装教育学会颁发的"十一五"部委级优秀教材,2012 年 11 月荣获中国纺织工业联合会科学技术奖三等奖。这些荣誉使我们感到欣慰,但更多地我们感到了责任和压力,我们有责任把书编写得更好,为广大读者提供更好的专业图书。

　　本次修订主要对书中一些不准确之处进行了删除和修改,重做了一些图、表。本次编写修订工作由西安工程大学的蒋晓文完成。感谢东华大学出版社编辑的耐心与支持,感谢西安工程大学刘艳君教授为本书提供了部分图片。

　　希望本修订教材同样能获得广大读者的喜爱,并恳请提出宝贵意见。

编者

前　言

　　近年来,我国服装工业化生产取得了长足的进步,在生产形态和高科技自动化设备等方面都有了新进展,服装生产逐渐由劳动密集型向知识、技术密集型转化。为了适应我国服装工业化生产管理人才培养的需要,本书结合我国的国情,从理论与实践上系统地阐述了有关服装生产流程与管理的基础知识以及其应用方法,具有图文并茂、深入浅出、注重实用等特点。

　　本书可作为大、中专院校服装专业教学之用,也可供服装工厂工程技术人员、管理人员参考。

　　本书第十章的第一、二节和第十一章的第一节由梁亚林副教授编写,其余内容由蒋晓文和周捷编写。

　　本书在编著过程中参阅了较多的国内外文献,主要参考文献列于书后,在此向这些文献的编著者谨致谢意。

　　笔者还要向所有关心、爱护、支持、帮助这本书写作和出版的同志表示衷心的感谢。

　　由于作者水平有限,书中难免有缺点和错误,热诚欢迎广大读者批评指正。

编者

目录

第一章 绪 论

第一节 服装工业发展简史

服装工业的发展水平,是以生产力水平体现的,生产工具和设备是生产力水平的具体表现。下面我们以服装原料、缝制工具和设备的出现和使用为引线,梳理服装工业发展的脉络。

一、世界服装工业发展简史

远古时期,人类祖先使用骨针、筋线将兽皮、树叶缝合成片,包裹身体;

公元前 300 年,人类进入青铜器时代,开始使用铜针;

14 世纪出现了钢针,随着金属制造技术的发展,金属针的形状、结构不断改进,一直沿用至今;

1790 年,英国人托马斯·逊特发明了世界上第一台缝制皮鞋用的单线链式线迹手摇缝纫机;

1829 年,法国人西蒙纳制造出有实用价值的链式线迹缝纫机;

1832 年,美国人亨特发明了锁式线迹缝纫机;

1851 年,美国人胜家兄弟俩设计制造出全金属的锁式线迹缝纫机,并成立胜家公司;

1859 年,胜家公司发明了脚踏式缝纫机;

1890 年,胜家公司发明了电动机驱动缝纫机,从此开创了缝纫机工业的新纪元。

电动缝纫机问世后,服装加工开始由手工加工转变为机械加工,大大提高了生产效率。缝制设备也在使用中不断得到改进,呈现以下三个发展趋向:

(1) 高速化。机器转速由初始的 300 r/min 发展到今天的 10 000 r/min。

(2) 省力、机械化、自动化。如自动切线装置、缝针自动定位装置。

(3) 电脑控制程序化。如数控缝纫机、电脑控制专用缝纫机。

二、我国服装工业发展简史

早在远古时代,我们的祖先采用树皮、草葛遮身;

北京周口店的山顶洞人用骨针及动物的筋线缝制兽皮衣服;

距今 5 000 年以前,我们的祖先掌握了纺纱织布、养蚕制丝等技术;

1890 年,中国从美国引进了第一台缝纫机;

1905 年,上海首先开始制造缝纫机零配件,并建立了一些零配件生产小作坊;

1928 年,上海协昌缝纫机厂生产出了第一台工业用缝纫机。同年,上海胜美缝纫机厂也生产出第一台家用缝纫机;

1949 年以前,整个旧中国缝纫机产量很低,年产量不足 4 000 台,缝制设备市场主要由美国胜家公司垄断;

新中国成立以后,缝制机械工业得到了充分的发展,形成了一批骨干企业,主要生产普通家用缝纫机和低档工业用缝纫机。后来开发了特殊用途的缝纫机,家用缝纫机实行了通用化、标准化。缝制设备向着高速化、系列化方向发展,电子、电脑技术也在缝纫机上得到广泛的应用。

在缝制设备问世以前,我国服装业的发展居世界领先水平,主要表现为分工较细,工艺精湛。

早在鸦片战争以前,苏广地区就有了成衣、裘皮、估衣等行业。

成衣业:中式服装业,便衣业,生产长袍、马褂、旗袍、马甲等;

裘皮业:皮货业,分北帮、京帮、镇扬帮等;

估衣业:经营旧衣,兼营寿衣、新衣和裘皮衣服等;

西服业、时装业随后逐渐建立。

1956 年以前,我国服装工业以个体缝纫或小作坊为主。1956 年以后,旧行业大多撤消或重新组合成国营企业,生产中式服装大路货。其发展分两个阶段:

(1) 从合作化到改革开放前,服装工业为打基础阶段。

(2) 进入经济发展转折时期和战略发展阶段。"六五"期间,服装工业为造血型发育时期;"七五"期间,进入战略发展阶段;经过"八五"的努力,我国服装工业有了长足的发展,服装生产能力大大提高,产品质量逐步上升,出口创汇年年增长。目前我国服装产品正由产品数量优势向数量、质量优势转化。

第二节 服装工业发展现状及前景 ·

一、国外服装生产现状及前景

服装工业是工业领域内重要的部门工业之一。20世纪80年代初以来,发展中国家发展迅速并日益开放,纺织业和服装业作为劳动密集型产业技术门槛相对较低,成为这些国家的支柱产业,国际竞争加剧。

纺织品服装生产基地主要集中在亚洲,北美和欧洲。2007年纺织服装出口金额前10名的国家和地区有中国内地、意大利、中国香港地区、印度、韩国、印尼、孟加拉、土耳其、柬埔寨、越南。亚洲国家凭借廉价的劳动力和丰富的资源禀赋,在纺织品服装生产数量方面占统治地位。欧美发达国家凭借着技术的优势在高档产品方面占有优势。

亚洲、欧洲、北美是国际纺织品服装的三个出口主要市场。主要进口国家和地区有美国、德国、日本、中国香港、英国和法国等。亚洲是目前世界纺织服装的主要生产和输出地,同时,亚洲本身也是一个巨大的纺织品服装消费市场。

从生产和消费趋势来看,随着经济全球化,资本、信息和商品等各种要素在全球范围内流动更加自由。在这种情况下,亚洲凭借着廉价的劳动力和独特的资源优势将进一步成为世界的纺织品服装生产基地。亚洲、欧洲和北美仍然将是世界上主要的纺织品服装消费地区。但是,在技术、工艺和创新方面,发达国家将仍然保持优势的地位。

从世界范围来看,服装生产出口国呈现出三种发展类型:

(1) 发达国家的服装工业向高质化、高技术、企业结构高级化转移。

(2) 中等发达国家在产业结构调整中,无意放弃纺织服装业,调整服装企业组织结构、产品和技术结构,努力向产品高档化方向发展。

(3) 发展中国家纷纷转向服装出口,不断提高产品质量。

因此,世界服装业呈现出双向转移的发展趋势,即服装生产结构中,知识技术密集部分向高层次国家转移,劳动密集部分向低层次国家转移。服装工业已从亚洲、北美、欧洲向非洲、拉美延伸,正向世界五大洲全面展开。

二、我国服装生产现状及前景

服装行业是我国国民经济的重要组成部分。它与人们的生产、生活密切相关,是经济和社会发展水平的重要体现。随着我国经济的快速发展和人民生活水平的不断提高,我国服装行业也得到了快速的发展。从1994年开始,我国服装产量居世界第一,服装出口额居世界第一,成为服装生产、出口大国。目前广东、浙江、江苏、山东和福建等省是我国的服装生产大省,广东、浙江、江苏、上海和山东等省(市)是我国的服装出口大省(市)。我国纺织品服装的主要出口国家和地区为美国、日本和我国香港地区等,主要进口国家和地区为日本、我国台湾地区和韩国等。据中国海关统计数据显示,2007 年 1~12 月,我国纺织品和服装出口总值是 1756.16 亿美元,与上年同比增长 19.11%,占全国外贸出口总值的 14.42%,其中,服装出口金额是 1150.74 亿美元,同比增长 20.89%。纺织品和服装进口总值为 187.37 亿美元,同比增长 3.69%,占全国外贸进口总值的 1.96%。其中服装进口金额为 19.69 亿美元,同比增长 14.71%。2007 年 1~12 月纺织品服装实现贸易顺差 1568.79 亿美元。随着世界经济形势的变化,行业竞争的加剧,我国服装行业的发展会受到一定影响,行业效益有可能减速。但今后相当长一段时期内,服装行业仍将为我国经济发展作出重要贡献。

我国服装企业发展趋势:

(1) 服装企业向多品种、小批量和柔性加工的生产模式发展。要求企业对市场做出快速准确的反应,实现敏捷制造和销售。

(2) 企业致力于产品结构和市场结构调整,数量竞争逐渐退出主流竞争模式,进入以品牌、价值、创新为核心的新的竞争时代。全球化竞争越来越明显。客户对产品质量及质量稳定性以及交货率要求越来越高;原材料成本以及生产成本增高;原辅材料质量以及工艺水平和质量标准越来越高。

(3) 将进行新一轮的技术改造。通过引进先进设备对工序和工艺进行优化配置,从而提高劳动生产率;化解劳动力缺乏问题;解决熟练技工紧缺问题;解决制造过程中人为因素产生的质量问题;提高制造水平和管理水平。

(4) 建设和完善信息化。当今贸易全球化发展,全世界服装企业生产和供应都处在同一产业链中竞争。对信息的收集、交流、反应和决策应对快速,将成为企业竞争能力强弱的关键因素。同时发达国家商业管理的自动化和仓储物流的信息化、标准化也迫切要求我国出口服装企业加快信息化建设。

(5) 现代化企业管理势在必行。面对激烈的市场竞争,企业应采取数字化、规范化、标准化的现代管理模式。

第三节　服装厂概况

一、服装厂分类及特点

1. 分类

(1) 按产品品种分,如西服厂、衬衫厂、内衣厂等;

(2) 按服装面料分,如毛呢服装厂、丝绸服装厂、针织服装厂、裘皮服装厂等;

(3) 按行业归口管理分,如纺织厂下属服装厂、外贸服装厂、军工服装厂等;

(4) 按工厂规模分,如大型、中型、小型厂等;

(5) 按人数分,800~1 000 人属大型厂,300~800 人属中型厂,300 人以下属小型厂,1 000 人以上属特大型厂等。

2. 特点

(1) 投资少,见效快,投资回收期短;

(2) 占地面积小;

(3) 劳动力密集;

(4) 耗能少、无三废、无污染;

(5) 培训容易;

(6) 经营风险大。

二、服装生产方式及特点

按制作方法分: 成衣生产、半定做生产、定做生产、家庭制作。

成衣化与定做生产特点,如表1-1。

表1-1　成衣化与定做生产特点

	成 衣 化	定 做
生 产 特 点	1. 能科学利用专业知识 2. 有效利用人力、物力 3. 达到完善的机械化生产 4. 质量稳定,价格适中 5. 达到工业化连续生产	1. 凭个人经验制作 2. 主要用手工进行 3. 在家庭或小作坊内进行 4. 质量好,价格高

第四节　服装生产管理及原则 ····························

一、管理的概念

管理是运用科学的思想、方法和手段对企业的人力、物力、财力及其生产和经营的全部活动与进程进行计划、组织、指导、控制、协调等,作用于管理对象,以期更好地完成预定的生产和销售目标,最大限度地满足社会的需要。

二、生产管理的概念及内容

广义的生产管理是指对人、财、物等资源及计划、标准输入开始,经过生产转换过程到产品信息输出,并利用反馈的信息实行控制的全部活动过程的管理。

狭义的生产管理通常是指产品生产过程的管理,即根据企业的生产类型进行生产过程的计划、组织、控制和协调,使企业的各种生产要素和生产过程的不同阶段、环节和工序在时间上、空间上平衡衔接,紧密配合,组成一个协调的生产系统,以达到在行程上、时间上和耗费上的最优组合,为实现企业的经营计划和经营目标创造有利的条件和提供可靠的物质基础。它包括: 生产准备和组织,生产计划,生产控制。

(1) 生产准备与生产组织。指生产的准备工作、技术准备工作和组织工作。它包括工厂与车间的平面布置、产品的开发与设计、工作研究、生产过程的组织、物资管理、设备管理等。

(2) 生产与运作计划。指与产品有关的生产计划工作和负荷分配工作。它包括生产计划、过程计划、生产作业计划、材料计划、人员计划和负荷分配计划等。

(3) 生产与运作控制。围绕着完成计划任务所进行的检查、调整等工作。包括进度控制、库存控制、质量控制、成本控制及企业的标准化工作。

三、服装生产管理方法和特点

生产管理作为一门科学,它研究的对象是生产力的合理组织,在企业内、外条件制约下,以最小的投入取得最大的产出。在进行服装生产管理时,可分计划(plan)、执行(do)、检查(check)和处理(action)四个阶段,把成功的经验肯定下来,使之标准化,当下一次再进行同样的工作时,不必再研究、讨论、制定计划,可直接按标准进行生产。失败的要总结经验教训,防止问题再度出现,同时将本次循环中的问题提出来,转入下一循环加以解决,形成 PDCA 循环的管理模式。

为了适应企业的国际化和企业竞争的新形势,尽快提高企业管理集成度,实现生产经营一体化,已是现代生产管理的热点。比如,准时生产体系 JIT(Just In Time)、精益生产 LP(Lean Production)、敏捷制造灵活生产 AM(Agile Manufacturing)、流程再造 BPR(Business Process Reengineering)等都是先进的生产管理方式。

第二章 生产准备

第一节 材料准备及管理

材料是服装生产所需要的最基本的条件,是关系到能否保证正常生产和保证产品质量的重要因素。

一、服装生产所需材料

包括面料、辅料及机物料等三大类。

面料按其原料成分,有棉、麻、毛、丝及化纤面料,各种纤维的混纺、交织及特殊处理的面料,天然毛皮与皮革及人造毛皮、皮革等。

辅料主要有里料、衬垫料、絮填料、扣紧材料及装饰材料,还有缝纫线等等。辅料多由纺织纤维经纺织、染整及后处理而制成,此外,可由金属、树脂、塑料等材料加工而成。

机物料,主要包括设备及其零部件、易损易耗件,生产生活用的物料、各种油料、各种电料等。

二、材料准备原则

服装生产所需材料品种多而复杂。材料的准备要想能适合服装小批量、多品种的生产形式,难度较大。因此,生产前的材料准备工作必须遵循以下准则:

(1) 根据本厂的生产能力的大小进行准备,对于新的企业要进行评估或进行试运行;

(2)根据本厂生产品种的种类进行准备,结合设计和工艺的具体要求进行；

（3）根据本厂库存的多少进行准备，注意色泽与质量是否符合要求；

（4）根据本厂销售及出库等情况进行准备，对于新产品要进行预测或试销；

（5）根据本厂设备情况进行准备，必要时，试验后再准备；

（6）材料库存量应为经济订购量。

三、材料准备方法

（1）预先准备。对于自行设计生产的服装，应尽可能使品种花色齐全；对于来料来样加工的产品，应根据客户要求，按预定材料进料。正式投产前应将所需材料全部预备齐整，并对产品款式、结构、工艺、相关技术及生产人员进行分析、计划、组织，以备正式生产。

（2）材料进厂入库时，要进行数量核对、品质的检验。

（3）设备备品备件应预先订购，特别对特种备品备件、专用机件，除应有必要储备外，应与设备制造厂家签订长期售后服务及长期供货合同。

（4）各种油料电料应随用随备。各种油料因属危险品、烈味品，各种电料多属常用标准件，一般可少备或采取随用随备方法。

四、服装材料的选择

服装材料包括面料和辅料两大类。这些纺织品和非纺织品的材料和纤维不同，其性能特点也各不一样，选择时必须扬长避短，区别对待，才能保证产品的质量。

1. 面料的选择

选择的方法可以从不同角度和不同要求出发。应考虑以下几个方面：

（1）功能。不同的服装品种具有不同的穿着功能，在选择面料时首先应该考虑面料的特性是否符合该服装功能的要求，尤其要注意特种功能的服装，对于一些新产品要进行试验。

（2）色泽。挑选面料的色泽和图案必须与设计要求相符或相接近，同时要注意色差和染色牢度。

（3）质感。在服装款式中常常会出现两种或几种服装面料的组合，这时面料的选择要考虑厚、薄等的质感是否协调，寿命和牢度是否一致以及质感与服装款式要求是否协调一致。

（4）地域。由于各地区的穿着习惯不同以及温度、湿度的不同，所以要根据产品销售地区的具体要求选择面料。

（5）工艺。各种服装有不同的工艺特点，所以挑选面料时应分析面料是否适合该款式的缝纫、熨烫、黏合等工艺要求。

（6）价格。价格也是关系到产品在销售市场上生命力的一个重要因素，选择面料时应考虑服装的销售档次，以免造成档次过高或档次过低而影响销售。

2. 里料的选择

除了面料之外,服装所需用的辅助材料统称为辅料。里料是辅料的一种,主要包括里布、托布和充填料。

(1) 里布。里布又称夹里布,主要起保护服装、改善穿着性能和保护服装外观造型的作用,它的好坏同样会影响服装的穿着效果。

里布必须表面滑爽,柔软度和硬挺度必须服从面料的轮廓造型,能与面布自然贴合;强度要与面料相适应,要有光泽或装饰性,但又要防止透过面布看到里布。同时还要考虑织物的透气性、吸湿性、抗静电性能、染色坚牢度、缝合性能及耐热性能等。

(2) 托布。托布是用于保护和固定充填物的里料,一般放在面料与充填物之间,而充填物在托布和里布之间。

托布应选择质地柔软、不影响服装外观造型的材料,要考虑服装外形的形态稳定性以及造型设计的艺术效果,同时还应考虑染色牢度,避免在穿用洗涤过程中沾染面料。

(3) 充填料。服装中的充填料主要起保暖作用,一般在里布与托布之间。它的选择也要根据材料的特性和款式的实际需要而定。

在选择充填料时,首先应从功能上考虑是否满足其需要;其次,要从经济角度出发,如婴儿服装可以选用价格较低廉、保暖性尚好的棉花作为充填料;再次要注意其使用特点,每年需要拆洗的服装可选择腈纶棉作充填料,因为腈纶棉可翻拆重复使用;不需常拆洗的服装则可选用驼毛、驼羊毛或驼涤毛作充填料,其特点是轻松柔软,保暖性强,能拍松后使用,不需要重翻。

3. 其他辅料的选择

其他辅料包括各类衬布、线、带、扣、钩、拉链、肩垫、商标等。选择这些材料时,必须从属于面料特性、款式的特定要求等。

(1) 根据面料的材料性能进行选择

① 天然纤维类的面料。由于天然纤维织成的织物具有较高的含水率,而且吸水后很容易引起外形尺寸上的变化,在通常情况下,脱水后仍能回复原状,所以在选用辅料时对此要加以注意。

② 再生纤维类的面料。这是一种质地较脆弱的布,水分会严重地影响纤维的拉伸强度,有时水洗是被禁止的。不需水洗的服装可采用普通的纺织衬布。由于再生纤维通过热及压力所造成的变化难以回复,所以和黏合衬较难得到很好的结合力。一般地说,越薄、越光亮的布料,融合性能就越差。

③ 半合成纤维类面料。这一类纤维对热相当敏感,很容易由于受热而产生光泽及手感的变化,因此,应尽量采用低温黏合衬。

④ 合成纤维类面料。合成纤维面料的伸缩力可以说是最稳定的,它基本上不受水分影响,所以采用的衬布同样也要具有相应的形态稳定性和伸缩力。

⑤ 人造皮革、合成皮革类面料。由于不存在水分影响产生的变形,所以衬布必须是缩水率极低的材料。同时,由于它们对受热所产生的极光及折皱是

较难消除的,因此选用低温黏合衬布为宜。

⑥ 天然裘皮面料。一般属高档服装,常规下严禁水洗,所以可采用纺织衬布,只要有相应的形态稳定性即可。如选用黏合衬布,应尽量采用低温型的黏合衬布。

⑦ 在选择缝线时,由于不同原料成分的面料其可缝性不一样,所以在选择缝纫线时要与面料性能相适应。可使缝线和面料之间的伸缩率、强度、耐热度、色泽等相配伍,以保证服装形态的稳定性。

⑧ 在缝制时装时常用扁纱带作为袖窿滚条,插装吊带,缝在毛呢服装止口和驼绒反面的牵带,这类纱带的选择,同样要与面料的厚薄和伸缩率相适应,应尽可能选用伸缩率较小的材料。在颜色选用上也要与面料相同或者以白色为宜。这是为了防止服装使用纱带的部位因伸缩而变形或者因纱带褪色而使面料沾色。

⑨ 装饰性辅料的选用要注意它们的质感、厚薄。伸缩率、色牢度、耐热度等要与面料的性能基本一致。

(2) 根据面料的组织结构进行选择

面料的组织结构有很多种,其与衬布的选择密切相关。在选择衬布时,除了要考虑手感外,还要考虑下列因素。

① 薄而半透明的面料,在选择衬布时,应注意衬布颜色与面料的一致性,并尽量选用细薄的底布组织及细小胶粒的衬布。深色面料可以考虑采用有色胶粒,以避免胶料的反光作用;如用纺织衬布,也要考虑其厚薄和色泽的一致性。

② 弹性面料应选择有相同弹性的衬布,而且应考虑到面料所要求的不同弹性表现(如在经向或纬向),若不能控制这个弹性,则衣服容易变形。

③ 一些捻度和密度较高的面料,在水分的影响下,会产生尺寸上的较大变化,从而导致衣服变形,因此应选择与面料尺寸的改变基本一致的衬布。

④ 缎、塔夫绸等表面光滑的表布很容易由于过胶或胶粒的渗出而影响外观,所以在选择衬布时应选择具有细小胶粒的衬布。

⑤ 表面经过处理的面料,例如泡泡纱、双绉等,一般可采用手感较柔软、薄而附着力较强的低压衬布。

⑥ 绒毛织物或有起绒表面的布,包括丝绒、平绒、灯芯绒、毛巾布、长毛绒等,除应使用伸缩力、保形性、厚薄相宜的纺织衬布外,还应选择一些即使在低压下也能有很强黏合力的衬布,低压黏合衬布是较为理想的材料。

⑦ 不同厚薄的织物要选择粗细与之相适应的缝线,以保证缝迹强度和外观效果。

(3) 根据面料工艺处理情况进行选择

经过工艺处理的一些面料,对纺织类衬布要求具有相应的特性,而对黏合衬布要求较严,所以在进行黏合工序前,应用面布作黏合试验,以确定何种衬布最合适。

（4）根据服装功能进行选择

人们在劳动时，人体运动的幅度大、频率高、常出汗，所以应选择柔软、透气性和吸湿性都较好的材料，否则会导致能量消耗过大，劳动效率降低。

运动服装和工作服装的开口处最好选用拉链一类的钩连附件，以防止运动和工作时钩拉脱或穿脱不便而造成事故。如果选用的拉链颜色与面料不同，要十分注意拉链的染色坚牢度，以防沾色。

礼服类服装可选用缩水率小、弹性好、手感柔软的纺织衬布，也可选用一些性能良好的黏合衬布，使造型丰满、适体、不易走样。丝绸类服装，例如宴会服、舞会服和夜礼服等服装，可选用黏合性能较好的低温低压黏合衬布。

（5）根据服装款式要求进行选择

（6）根据制作工艺条件进行选择

五、服装材料的配用

现代服装往往由一种以上的材料所组成，这些材料的特性相同或相异，在组合中相互作用、相互影响，从而决定了服装外部形态和内在质量，也决定了服装本身的价值，这就是服装原材料配伍的重要性。要保证这种良好的配伍，必须遵循下列原则：

（1）伸缩率的合理配伍。配用的材料必须伸缩率基本一致，如必须采用伸缩率较大的配料时，一定要进行预缩处理。

（2）耐热度的合理配伍。配用材料的耐热度不低于面料的耐热度。

（3）质感的合理配伍。不同的面料有不同的厚薄、质感和风格。在配用时，应考虑这些方面的一致性。

（4）坚牢度的合理配伍。服装的使用寿命一部分是由面料的坚牢度决定的，而一部分是配料决定的。合理配用可延长服装的使用寿命。

（5）颜色的合理配伍。除款式的特殊要求外，一般配用同一种颜色或相近色的面、辅材料比较适宜。

（6）金属配件的合理配用。在服装上常采用许多配件作辅料，这些辅料用铁、铜、锌、铝、不锈钢等不同材料制成。在配用这些金属类辅料时，要特别注意金属表面处理是否符合要求，包括表面粗糙程度，有否毛刺，是否会生锈、氧化变质等情况。

（7）价值和档次的合理配用。

六、物料管理

1. 概念

物料是生产单位维持生产活动持续不断进行所需物品的总称。

物料管理就是以经济合理的方法管理生产所需用的一切原材料、配件及工具，使生产活动顺利进行，达到预定的目标。

2. 物料的分类

(1) 原料或材料;

(2) 间接材料或用品;

(3) 半制成品;

(4) 配件;

(5) 成品。

3. 物料管理的范围

(1) 用料计划与预算。预定一定生产周期内所需物料的种类与数量。

(2) 存货控制。是物料管理的中心,要求根据生产实际情况以最低的仓储量提供最经济有效的服务。

首先对存料进行分类,如采用甲乙丙分类法,加紧对甲类材料的控制。其次,建立存货控制系统,制定好长期计划、中期政策与计划、短期排期计划。

存货控制制度有:分类控制、定量控制、定期控制、双份制、综合控制等。

(3) 采购管理。包括采购作业方式、采购预算、供应商的确定等。

采购的方式可分为两种:集中采购和分散采购。

采购的方法有:议价、比价、招标、市场现购等。

(4) 仓储管理。包括物料的检验、收料、发料、存储与呆废料的处理等。

收料时要清点数量,填写收料单,检验规格、品质,签物料验收单。

发料时审查领料单,按"先进先出"原则发料。

呆料是指库存周转率很低的物料,这些物料仍然有利用价值;废料是指已经失去效能,不可利用的物料。呆废料的处理方法有:调拨、拆零利用、转赠、出售或销毁等。

第二节 服装材料的检验测试 ....

一、检验、测试的目的

服装生产在投料前,必须对使用的材料进行数量复核、质量检验及物理和化学性能的测试,其目的是了解材料性能的有关数据和资料,以便在生产过程中采取相应的工艺手段和技术措施,提高产品质量及材料的合理利用。

测试内容有数量复核、疵病检验、伸缩率测试、缝缩率测试、色牢度测试、耐热度测试等。

二、服装材料检验

服装材料检验是指在成批裁剪以前对所用衣料进行一次数量、幅宽和质量上的全面检查、核验,是批量裁剪的重要准备工作。它的主要任务是通过核查,避免裁剪后出现无法挽回的质量问题,把住批量裁剪的第一道质量关。服装材料检验技术概括为"两验一整理",即核验规格、数量,检查质量,并将原料的疵点、纬斜等可能纠正的疵病进行整理、矫正和织补等工作,使之尽可能地符合技术标准要求,以减少损失。

检验的内容包括材料规格数量的复核及纺织品材料的疵病检验。

规格数量的复核包括纺织品材料的长度、幅宽复核,针织类原料的称重,小辅料的小包装抽验等。

纺织品材料的疵病检验包括对经向疵点、纬向疵点、组织疵点、布边疵点、破洞、污渍及色差、纬斜等的检验。

服装材料的检验分为对材料的品种、规格、数量的复核及对服装材料品质疵病的检验。

1. 材料复核

服装材料进厂后应对面料、里料及黏合材料进行复核,针对购货清单核对材料品名、色泽、数量是否符合要求;对材料的幅宽和匹长进行测量分类。其他辅料只做开箱或开包抽检,由于数量太多一般不做逐一检查。

(1) 纺织品材料复核。首先要检查出厂标签上的品名、色泽、数量及两头印章、标记是否完整,并按单子逐一核对,做好记录。

圆柱形圆筒包装的原料,宜放在滚筒式量布机械架上复核,便于使布料核验后复原为圆筒形。

折叠包装的材料,应先量折叠的长度,再数一下全匹折叠层数,计算折叠长度乘层数,即可复核这匹布的总长度是否与布料标签上所标的长度相符。

有一些按质量计算的原材料的某些原料如丝绸、针织涤纶绸等,应该过秤复核,有时还需要按面料的面密度(g/cm²)计算其数量是否正确。

核对门幅规格:在复核每匹原料长度时也要测量门幅,如差距在 0.5 cm 以上者,应在原材料上标明,并点校后单独堆放,发料时应按最小门幅数发料。如差距在 1 cm 以上者,同时窄宽长度比在 2:1 或 3:1 的情况下,可以冲断后按实际门幅计算,并应在每匹上注明幅宽和长度,整理后列出清单,提供给下道工序,以便窄幅窄用,宽幅宽用,做到合理使用,节约用料。集中同样幅宽的布料统一画样、排料。

(2) 其他辅料的复核。首先核对品名、色泽、规格、数量等与实际是否相符。物件较小、数量较大的物品,如钮扣、裤钩、商标等小物件,可按小包装计数,并拆包抽验数量与质量是否与要求相符。

配套用的材料要核对其规格、色泽和数量是否有短缺、差错情况,以便及时纠正。

2. 检查原料质量

服装用材料的品质检验是针对面料的疵病进行检查,主要检验面料在纺、织、染等过程中出现的疵病,检验中依据有关产品标准进行,并做好相关记录。

(1) 疵点的检验。根据原料包装的不同,分为以下两种检验方法。

① 在验布机上进行验料。一般应用于圆筒卷料包装和双幅材料。验布机

可以分窄与宽两种。其工作原理是,布料通过送布轴和导布轮的传送,让材料在毛玻璃的斜台面上徐徐通过。在毛玻璃的台面下装有日光灯,利用柔和的灯光透过布面,使其充分暴露疵点。验料者如发现色迹、横档、破损、格子大小等疵点,随即作出记号,以便铺料画样时例残借裁。要求照度不低于800~900 lex,速度取决于织物的种类及织物表面疵点的情况。验布机如图2-1。

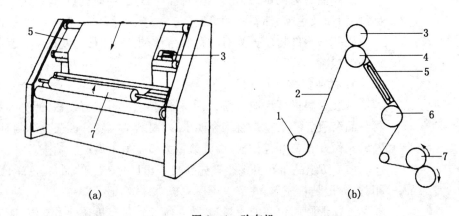

(a)　　　　　　　　　　　　　　(b)

图2-1　验布机

1. 退卷装置 2. 面料 3. 复码装置 4. 验布台前导辊
5. 检验屏　6. 验布台后导辊　7. 成卷装置

②台板检验。这种检验方法一般应用于折叠型包装的材料。检验时应将布匹平放在检验台上,光线要柔和稳定,一般应设在朝北的窗口。检验者从上至下,逐页翻看,发现疵点随即作出记号。

检验的标准可按照生产企业的企业标准或同类产品的部级标准和国家标准,并根据服装疵点允许范围和要求进行检验。

(2) 色差、纬斜的检验。在检验疵点的同时,应进行色差与纬斜的检验。

①色差。检验色差时,将坯布左右两边的颜色相对比,同时也和门幅中间的颜色相对比。相隔10 m料,应进行一次这样的对比;整匹布验完后还要进行布的头、尾、中三段的色差比较。色差按国家色差等级标准评定。

②纬斜与纬弯。纬斜和纬弯是因纬纱与经纱不成垂直状态而影响外观质量的疵病。

纬斜一般指纬纱呈直线状歪斜,见图2-2。图中 A、B 间的距离就是纬斜的程度。纬纱歪斜后会使布料产生条格的歪斜和纹样的歪斜。

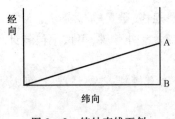

图2-2　纬纱直线歪斜

纬弯是指纬纱呈弧状歪斜。它的形式有弓形纬弯(图2-3)、侧向弓形纬弯(图2-4)、波形纬弯(图2-5)等。

纬弯也造成布面的条格、纹样等歪斜变形。纬弯程度可测量 A、B 间的距

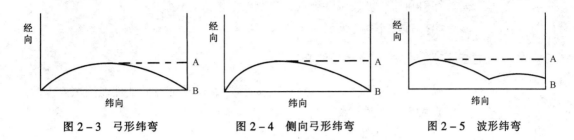

图 2-3 弓形纬弯   图 2-4 侧向弓形纬弯   图 2-5 波形纬弯

表 2-1 织物病疵分类表

病疵分类		疵点名称
机织物疵点	经向疵点	松经,紧经,吊经(经缩、浪纹),分条痕,磨痕,张力不匀,断经,穿错,筋损伤(破筘),筘用错;上浆不良,布面破裂,大结,错经(错支、错品种),错线密度、错纤维,修括,浆斑
	纬向疵点	厚段,薄段,机械段(稀密不匀),轧梭,飞梭,花纬(纬纱错色),松纬(纬错),紧纬,断纬,打纬不匀,大脱纬(乱纬),双纬,多纬,异物织入,开口不清,回丝织入,错纬,闭口不符(小密路),竹节纱,皱疵(强捻纱织物疵点),纬纱异常,磨光(擦白),缺纬
	布边疵点	紧边,松边,破边,荷叶边,烂断边,边污
	组织疵点	错组织(错花纹、穿错、组织错乱、综框脱落),花纹错乱,脱针,综锤脱落,条纹错乱,纹板疵点,提花疵点
	不合标准	窄幅,短码,码口不足,宽窄不匀,宽度不足
	伤疵	跳纱,浮织,夹梭,边撑疵,停车档,修补疵,破洞,刮痕
	沾污	污经,污纬,浆斑,梭箱油污,流印,印章污渍,黄斑,锈渍,投梭油污,洗痕,综筘油污,机械沾污,油污
	其他疵点	闪光(丝织物或人造丝织物)
针织物疵点	经向疵点	经轴疵点,吊经,断纱,经向条纹,导纱器疵,原布破损,经向条斑,直条针路,沉降弧条痕,卷取疵点,断针疵点,双孔眼,织入别物,长丝裂,布面起毛,直条轧痕
	纬向疵点	色疵,纬段,停车横条,机械段(条纹),横向割伤,纹路歪斜,断纱,条纹,织入别物,添加弹性纱编织不良
	伤疵	针洞,破洞,漏针,破裂疵点;修补疵,飞跳,收缩疵点(吊纱、松纱),磨破(刮破),起绒不匀,结节,跳疵,断疵,错针孔
	布边不良	破边,过缩(紧边),松边,边组织不良,边不齐
	沾污及折皱	原纱污渍,油污,针污,摩擦污点,尘埃污点,烟灰污点,虫污,折痕处沾污,露水污斑,墨水污渍,锈污,洗痕,退色,布边污渍,硬伤
	其他疵点	组织错乱,编织云斑(组孔不清),织孔不齐,垂针(双针、重叠织疵)

离。纬斜和纬弯可按服装疵点允许范围要求进行检验。

织物病疵分类详见表 2-1。

三、服装材料的性能测试

服装材料性能测试包括物理机械性能、化学性能及其他性能测试。

1. 物理机械性能测试

(1) 伸缩率测试

织物在受到水和湿热等外部因素的刺激后,纤维从暂时平衡状态转到稳定的平衡状态,在这个过程中发生了伸缩,其伸缩程度就是伸缩率。织物的伸缩率大小主要决定于织物原料的特性及其加工过程的方法和处理手段。如在定型时强伸硬拉,可促使织物的缩率增大,又如经纬密度不同也同样会产生不同的伸缩率。一般经向密度大于纬向密度,那么经向缩率就大于纬向缩率;反之,纬向缩率大于经向缩率。通过测试,可获得较准确的伸缩率数据,在样板设计中可作为长度和宽度缩放的依据,能够使成衣规格符合设计要求。所以,测试项目与成衣加工时的工艺有关。

织物伸缩的原因有:机械力、热、水、缩绒伸缩等。对于合成纤维织物主要是热伸缩,天然纤维及人造纤维织物主要是湿伸缩,缩绒仅存在于毛织物,所有纺织品材料在机械力的作用下都可能产生伸缩。纺织品伸缩率计算公式如下:

$$伸缩率 = \frac{测试前试样的长度(宽度) - 测试后试样的长度(宽度)}{测试前试样的长度(宽度)} \times 100\%$$

伸缩率值大于零,即该材料有缩份;伸缩率值小于零,即该材料有伸长,这种情况在服装材料中较少见。伸缩率包括:

① 自然伸缩率。指织物没有任何人为作用和影响,在自然状态下产生的伸缩变化。伸缩率的测试方法如下。

首先将原料从仓库中取一个包装中的一匹,打开后,选择该匹布的头、中及尾部位,再在其左、中及右三处作好长度记号,随后将整匹原料拆散抖松,在没有任何张力下,室内静放 24 h,随后对记号进行复测,即可计算出材料的自然缩率大小值。服装材料自然缩率一般很小,可忽略不计,但对于弹性材料、特殊结构材料及内应力处理较大的材料,可适当考虑。

在机织物中产生这种收缩的情况较多,在针织物中,由于针织物是由屈曲的纱线缠绕而成的,故在剪切后,常因失去线圈的相互牵引而产生伸长,并且不同纤维组织而成的材料,伸缩情况也不一样。

② 湿热伸缩率。指织物在水浸、喷水、干烫、湿烫等加工处理中产生的伸缩变化。采样时要去除布匹的头端与尾端 1 m 以上,取 50 cm 长的布料,除去两布边,进行测试。

a. 干烫伸缩率的测试。干烫缩率是指织物在干燥情况下,用熨斗熨烫,使其受热后产生伸缩的程度。测试方法如下：

采样：在布匹的头部或者尾部除去 1 m 以上（因开始织布时的张力有显著变动，要从头部除去数米），随后取 50 cm 长的布料，除去布的两边道（因两边道的张力与门幅中部的张力有差异，会影响测试的准确性，如针织物、静电植绒类织物两边应除去 10 cm），并记录好长度和宽度数据。

干烫温度条件：

印染棉布 190~200℃；

合成纤维及混纺印染布 150~170℃；

黏纤印染布 80~100℃；

印染丝织品 110~130℃；

毛织物 150~170℃。

干烫时间：分别按各类温度条件，在试样上熨烫 15 s 后，待冷却。

测试：待凉透后，测量试样长度和宽度，然后计算该织物的伸缩率。计算公式为：

$$干烫伸缩率 = \frac{干烫后织物长度（宽度）收缩量（cm）}{干烫前织物长度（宽度）（cm）} \times 100\%$$

b. 湿烫伸缩率的测试。湿烫伸缩率是指织物在湿状态进行熨烫所产生的伸缩率。其测试方法按工艺不同可分为喷水熨烫测试法和盖湿布熨烫测试法两种。

方法一：喷水熨烫测试法

采样：在离布匹的头部或尾部 1 m 以上处，取长度 50 cm 作为试样，并除去布的两边道。

温度条件与干烫测试法相同。

湿润条件：在试样上用清水喷湿，水分布要均匀。

熨烫要求：用熨斗在试样上往复熨烫，时间控制在熨干为宜。

测量和计算：待试样晾干后，测量其长度和宽度，并计算收缩率。计算公式为：

$$湿烫伸缩率 = \frac{湿烫后长度（宽度）收缩量（cm）}{湿烫前试样长度（宽度）（cm）} \times 100\%$$

方法二：盖湿布熨烫测试法

采样：与喷水法相同。

温度条件：与喷水法相同。

湿润条件：用一块去浆的毛白平布清水浸透，并拧干备用。

熨烫要求：把湿布盖在试样上，按照温度条件，用熨斗在试样上来回熨烫，时间控制为盖布熨干为止。

测量和计算：把凉透后的试样测量其长度和宽度，并按湿烫伸缩率的计算公式计算伸缩率。

c.水浸伸缩率的测试。水浸伸缩率是指让织物的纤维完全浸泡在水里,给于充分吸湿而产生的伸缩程度。测试方法如下:

采样:方法与干烫法相同。

湿润条件:将试样用60℃的温水给以完全浸泡,用手搅动,使水分充分进入纤维,待15 min后取出,然后抒干,在室温下晾干(不可拧)。此项试验也可用缩水机进行测试。

测量和计算:测量其试样长度,然后计算缩率。计算公式为:

$$水浸伸缩率 = \frac{浸水前试样长度(宽度) - 浸水后试样长度(宽度)}{浸水前试样长度(宽度)} \times 100\%$$

(3)常用织物收缩率。由于加工工艺流程的不同,各种纺织品的伸缩率也不一样,一般表现为收缩,故通常称为收缩率。下面所列各表是一些主要纺织品在不同工艺条件下的收缩率,供选用时参考。

表2-2　毛织物喷水或盖湿布熨烫收缩率

材料名称	收缩率/(%)	
	经　　向	纬　　向
精纺毛织物	0.2~0.6	0.2~0.8
粗纺毛织物	0.4~1.2	0.3~1
毛涤混纺	0.2~0.5	0.2~0.5
其他化纤与毛混纺	0.5~1	0.5~1

表2-3　丝、化纤织物干熨烫收缩率

材料名称	收缩率/(%)	
	经　　向	纬　　向
金玉缎	0.5~1	—
九霞缎	0.5~1	—
留香绉	1~2	—
富春纺	1~1.5	—
涤新绫	0.5~1	—
华春纺	0.5~1	0.3~0.5
尼丝纺	无缩	无缩
针织涤纶呢	0.5~1.5	0.4~0.7
涤粘中长花呢	0.2~0.8	0.1~0.4
中长华达呢	0.5~1	0.2~0.5

表2-4 棉织物喷水熨烫收缩率

材料名称	收缩率/(%)	
	经 向	纬 向
细布	1～1.5	1～1.5
斜纹布	2～3	1～2
纱卡	1～1.5	0.5～1
线卡	1～2	0.5～1
涤卡	0.3～0.5	0.2～0.4
劳动布	2～3	1～2
府绸	1～2	0.5～1
白漂布	1～2	1～2
印花布	1～2	1～2
树脂印花布	0.5～1	1～2
棉涤	0.4～0.6	0.1～0.3
灯芯绒	0.6～1.2	0.2～1.5
防缩织物	0.5～0.7	0.5～0.7
粗布(水浸)	3～4	2～3

表2-5 丝织物收缩率

材料名称	收缩率/(%)	
	经 向	纬 向
桑蚕丝真丝织物	5	2
桑蚕丝与其他纤维交织	5	3
绉线织品和绞纱织物	10	3

表2-6 化纤织物收缩率

材 料 名 称		收缩率/(%)	
		经 向	纬 向
粘胶纤维织物		10	8
涤棉混纺织物	平布,细纺,府绸	1	1
	卡其,华达呢	1.5	1.2
涤/粘、涤/混纺织物(涤含量65%)		2.5	2.5
富/涤混纺织物(富纤含量65%)		3	3
棉维混纺织物(维纶含量50%)	卡其,华达呢	5.5	2
	府绸	4.5	2
	平布	3.5	3.5
涤/腈纺织物(中长化纤织品,涤含量50%)		1	1
涤/粘混纺织物(中长化纤织品,涤含量65%)		3	3

（续 表）

材 料 名 称		收缩率/（%）	
		经 向	纬 向
棉/丙混纺织物（丙纶含量 50%）		3	3
粗纺羊毛化纤混纺呢绒	化纤含量在 40% 以下	3.5	4.5
	化纤含量在 40% 以上	4	5
精纺羊毛化纤混纺呢绒（涤纶含量在 40% 以上）		1	1
精纺化纤织物	涤纶含量在 40% 以上	2	1.5
	其他织品	4.5	4
精纺化纤织物	锦纶含量在 40% 以上或腈纶含量在 50% 以上，涤、锦、腈混含量在 50% 以上	3.5	3
化纤丝织物	醋纤织品	5	3
	纯人造丝织品及各种交织品	8	3
	涤纶长丝织品	2	2
	涤/粘/绢混纺织品（涤 65%、粘 25%、绢 10%）	3	3

表2-7 呢绒收缩率

材 料 名 称			收缩率/（%）	
			经 向	纬 向
精纺呢绒	纯毛或羊毛含量在 70% 以上		3.5	3
	一般织品		4	3.5
粗纺呢绒	呢面紧密的露纹织物	羊毛含量在 60% 以上	3.5	3.5
		羊毛含量在 60% 以下及交织品	4	4
	绒面织物	羊毛含量在 60% 以上	4.5	4.5
		羊毛含量在 60% 以下	5	5
	组织结构比较稀松的织物		5 以上	5 以上

表2-8　印染棉布的收缩率

材　料　名　称		收缩率/(%)	
		经　向	纬　向
丝光布	平布(粗支、中支、细支)	3.5	3.5
	斜纹、哔叽、贡呢	4	3
	府绸	4.5	2
	纱卡其、纱华达呢	5	2
	线卡其、线华达呢	5.5	2
本光布	平布(粗支、中支、细支)	6	2.5
	纱卡其、纱华达呢、纱斜纹	6.5	2
经过防缩整理	各类印染布	1~2	1~2

表2-9　色织棉布的收缩率

材　料　名　称	收缩率/(%)	
	经　向	纬　向
男女线呢	8	8
条格府绸	5	2
被单布	9	5
劳动布(预缩)	5	5
二六元贡(元密呢)	11	5

(1) 缝缩率测试

缝缩是指织物在缝制过程中,由于缝针的穿刺作用,缝纫线张力及线迹结构作用,布层的滑动及缝纫线挤入织物的原因,使材料产生横向或纵向的变化现象。其变化程度可用缝缩率来表示。服装材料缝缩起皱现象是影响服装产品质量的重要原因之一,了解材料缝缩率对正确制定生产工艺技术文件起指导作用。缝缩率测试方法如下:

取样:取被测材料试样6块(长50 cm,宽5 cm),在试样上如图2-6做好标志,并作好记录。

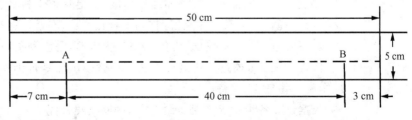

图2-6　试样图

缝制条件：将同向的两块试样重叠，按规定的缝制要求(即缝针、缝线规格、针迹密度和底面线的张力大小)，在不用手送料的情况下，缝合试样中间的直线，沿试样中间处缝纫 50 cm 长的线迹。

测量和计算：测定试样缝制前、后记号 A、B 间的长度(一般下层布料缝缩较大，故以下层布料作为评定对象)，取试样上三个部位的平均值，计算缝缩率。公式如下：

$$缝缩率 = \frac{测试前试样长度(宽度) - 测试后试样长度(宽度)}{测试前试样长度(宽度)} \times 100\%$$

缝缩率大小主要取决于材料特性、缝线张力、线迹结构、压脚压力等因素。

(2) 服装脱缝强力测试

服装脱缝强力是评定服装受力部位缝迹被破坏的指标。该指标主要是评定服装在穿用过程中，由于受机械力的作用，缝线部位线迹被拉断、面料被拉破或是缝线从缝头部位拉脱的特性。

(3) 织物强力测试

包括拉伸强力、撕裂强力、顶破强力、磨损强力等。这些耐用性指标现在只对特殊服装要求。

(4) 织物耐热性测试

耐热性也称耐老化性。耐热性的测试，主要测试在高温加工条件下，织物的物理和化学性能是否发生老化或损害现象，以鉴定织物的耐热温度。测试方法如下：

采样：在距要测试的面料的头部或尾部 1 m 处、门幅的中部取 10 cm× 10 cm 试样 2 块(印花布类织物，必须将各种颜色取全)。

温度条件：各类织物的试验温度不同。棉织物 190~200℃，丝织物 110~ 130℃，毛织物 150~170℃；合成纤维及其他混纺织物 150~170℃(试验温度一般高于工作温度 10~20℃)。要求电熨斗的表面温度能够在 80~200℃的范围内调节。

工作压力：控制在 1.96~2.94 kPa(20~30 gf/cm²)。

试验方法：把试样平放在烫台上，将熨斗调至试验规定的温度放置在试样上，静止压烫 10 s，待试样完全冷却后进行评定。

评定方法：主要通过目测和理化测试，鉴定其耐热和耐老化程度。

观察颜色：用目测评估，让原样与试样作对比，看是否有变黄或变色情况。

观察质地：是否有硬化、熔化、皱缩、变质、变手感等质的变化。

检查性能：可通过理化测试方法，检验该试样是否仍保持原有的多种强度、牢度等物理、化学特性。

根据以上各项检验结果，评估该织物的耐热性能。

织物在缝纫、熨烫、后整理过程中，均要与高温接触，织物耐热性太差，在生产中会受到热损伤或破坏，事先了解材料耐热性，对生产加工及消费使用均具有指导性作用,特别是服装整烫过程中,温度参数的选定与其耐热性有直接关系。表2-10为常用服装材料耐热性。

表 2 - 10　　常用服装材料耐热性

材　料	温度/℃				
	玻璃化温度	软化点	熔点	分解点	熨烫温度
棉	—	—	—	150	200
羊毛	—	—	—	135	180
蚕丝	—	—	—	150	160
锦纶6	47、65	180	215	—	120
锦纶66	82	225	253	—	130
涤纶	67、80、90	238	256	—	160
腈纶	90	215	—	290	135
维纶	85	干:225 湿:110	232		—
丙纶	−35	148	170		110
氯纶	82	95	200		85

(5) 缝纫线性能测试

服装厂所用缝纫线,主要要对其可缝性进行测试,观察其捻向、粗细均匀度,同时进行色泽检查。此外,对缝纫线捻度、强度大小及耐热性进行测试,以便制定正确的缝制加工工艺。

2. 化学性能测试

(1) 材料的耐酸碱性测试

主要是了解材料的耐化学品性,以便在生产加工、后整理以及使用过程中,采取相应的措施,使服装不受损害。

如毛织物的缩呢、煮呢、蒸呢、印染等加工;棉麻织物的漂白、染色、印花;丝织物的染整、砂洗处理;化纤织物的各种后整理等;成衣染色及后整理,服装的干洗与水洗、服装存放等。以上各种处理,服装材料均要与各种化学试剂或物质接触,若不了解材料的化学性质,在生产加工、染整处理、生活使用中都可能给服装造成损害。

(2) 材料的染色性能测试

主要是对色牢度的测试,色织物的变色、褪色是通过与其他织物的沾色程度来确定,并通过国家标准沾色样卡来评定。

服装材料染色性能测试主要是对其色牢度进行测试,目的是检验有色织物在生产加工及穿着使用过程中掉色、褪色而产生的搭色现象。织物色牢度测试方法及指标有许多,包括摩擦色牢度、熨烫色牢度、洗涤色牢度、日晒色牢度、汗渍色牢度等。对于服装产品主要考虑洗涤、熨烫及摩擦色牢度,洗涤色牢度分水洗及干洗两种,水洗色牢度又分为清水洗和皂洗两类;熨烫色牢度的测试分干法及湿法两种试验法,熨烫温度可根据材料耐热程度分5级测试,即200℃、180℃、160℃、140℃及120℃;摩擦色牢度的测试亦可分为干、湿两种方法。织物染色牢度测试指标一般分五级,可根据《GB250 评定变色用灰色样卡》、《GB251 评定沾色用灰色样卡》进行评定等级。

① 熨烫色牢度的测试。染色织物通过熨烫,有时会出现变色或褪色,这种变色、褪色是以对其他织物的沾色程度来确定的。测试分干法试验和湿法试验两种。在湿法试验中,又分为强试验和弱试验两种,而每种试验以不同的温度分成5个试验。在实际应用时,可根据试验的要求在这些方法中进行适当选择。测试方法如下:

采样:在需要测试的面料上,距离布边5 cm 处取5 cm×5 cm 作为试样,共取5块(数量可根据试验的要求和项目决定),再准备同样面积的白棉布若干块,作为沾色用。电熨斗的表面温度必须能够在120~200℃的范围内调节到要求温度±5℃的水平。而电熨斗的自重按底面折算成织物承受压力约为1.96~2.94 kPa(20~30 gf/cm²)。

试验温度:熨斗的熨烫温度分为5级:A 号—200℃,B 号—180℃,C 号—160℃,D 号—140℃,E 号—120℃;正负误差为5℃。

试验方法分干法试验和湿法试验两种。

a. 干法试验。将白棉布平铺于熨烫台上,然后将试样与白棉布正面相对复合,再将熨斗温度调至规定温度,在试样上放置15 s。然后将试样和白棉布按不同的温度编上号,并放在暗处4 h 后与原样对比。按《GB250 评定变色用灰色样卡》的规定评定其色牢度。

b. 湿法试验:分强试验和弱试验两种。

强试验。将白棉布平铺于熨烫台上,在上面放上含水100%的试样,试样与白棉布的正面复合,再在其上面放上含水100%的白棉布,然后用调至规定温度的熨斗放置,再按不同的温度编上号。

弱试验:在熨烫台上铺上白棉布,将试样与白布正面相对复合,然后在上面放上含水100%的白棉布。再用调至规定温度的熨斗放置15 s,将染色布和试样布按不同温度编上号。

试验后将染色布晾干,与原样进行对比,按《GB250 评定变色用灰色样卡》、《GB251 评定沾色用灰色样卡》进行评定。

② 洗涤色牢度的测试:分为水洗和干洗两种。

染色织物的洗涤色牢度试验,可将试样与沾色布缝在一起,然后放在清水或一定温度的洗涤液中,在机械或人工搅拌下,按规定的时间和浸渍、洗涤条件试验后,观察其沾色程度。根据纤维种类和沾污程度的不同,可采用不同的方法和条件进行测试。

采样:在布匹距头、尾部1 m 处,分别在门幅的中间和边道位置处,剪取5 cm×10 cm 试样各2块(印花布类,应按花布的各种颜色取全),并取同样大小的白棉布与试样布正面复合缝住。

测试条件:用水温50℃加洗涤剂(无增白剂)或皂粉5 g,浴比为50:1,浸渍时间 10 min。

测试方法：将试样放入洗涤液中,用机械或手工搅拌,也可将试样往复搓洗 10 次,10min 后用清水漂清,随后晾干(如烘干,温度不可超过 60℃),通过原样和试样褪色后的色差,未沾色白布和沾色白布的色差的对比,按《GB250 评定变色用灰色样卡》、《GB251 评定沾色用灰色样卡》进行评定。

如作清水试验,可不用 50℃温水,改用常温清水,不加洗涤剂,其他条件可按上述办法测试。

3. 其他性能测试

服装材料其他性能指标主要是舒适性、保健性、安全性等。如透气、透湿、保暖、防菌、抗虫蛀、抗静电、阻燃等指标的测试,对一些特种服装做相应要求。

第三节　服装材料的预缩与整理······························

服装材料在生产加工时,由于操作手段不同,处理方法各异,在织物材料内存在内应力和其他的疵病,这种情况若在投产前不加以消除,将会不同程度地影响服装成品的形态稳定性、穿着性能等。预缩和整理是消除和纠正这种影响的一种必要工序,所以在投产前,必须对服装制品所用的材料,主要是面料、里料和衬布等进行充分的预缩和良好的整理。将不符合质量要求的材料应事先剔除,以免造成服装质量疵病,带来经济损失。

一、材料的预缩

服装材料由于在生产过程中经过织造、精练、染色、整理等各种理化处理,在各道工序中所受的强烈的机械张力导致织物发生纬向收缩、经向伸长的不稳定状态,使织物内部存在各种应力及残留的变形。这些处理虽然提高了布料的使用价值,但也随之产生一些自然收缩、湿热收缩等不良变形特性。根据纤维和材料的不同,这些变形特性各异,因而在裁剪前要消除或缓和这些变形的不良因素,使服装制品的变形降低到最小程度,以保证服装尺寸的稳定。这就是材料的预缩。

由于材料中存在的变形因素不一样,所以在预缩处理过程中所采用的手段和方法也应该不同。

1. 自然预缩

织物性材料在生产加工、包装、叠放时需在一定的张力下进行,服装厂在正式生产前,应给予充分预缩,通常可在开包抖散理松的情况下静放一定时间,以消除内应力产生的织物自然回缩。特别是弹性材料,棉针织物在轧光或定形后,应放置 24 h 以上,使织物自然回缩,消除张力。

一些有张力的辅料也应用同样的方式处理。如各类橡筋带材料,在使用前必须抖散、放松,放置 24 h 以上才能使用,否则,短缩量会很大。

2. 湿预缩

对于吸湿性、吸水性较好的材料,在正式投产前一定要进行湿预缩。棉、麻、丝及黏胶织物应进行清水浸泡,摊平晒干进行预缩干燥,精纺毛呢喷水熨干,粗纺毛呢盖湿布熨干,合成纤维织物一般不进行湿预缩。

收缩率较大的材料或质量要求较高的服装,在裁剪前,所用材料必须给予充分的缩水处理。

机织棉麻布、棉麻化纤布,可将布料直接用清水浸泡,然后摊平晒干。浸泡的时间根据材料的品种和收缩率的大小而定。如一些上浆织物,要用搓洗、搅拌等方法,给予去浆处理,使水分充分进入纤维,这样有利于织物的吸湿收缩。

毛呢料的"缩水"可采用两种方法:精纺织物采用喷水烫干;粗纺织物可用湿布覆盖在上面熨烫至微干。熨烫温度一般前者为 160℃,后者为 180℃。

一些收缩率较大的辅助材料,如纱带、彩带、嵌线、花边等,也同样需给予"缩水"处理。

3. 热预缩

对于合成纤维纺织而成的织物,由于合纤纺丝、织造过程中的处理,此类织物材料虽湿缩较小,但热缩较大,因此,在投产前应进行热缩整理。

这是一种干热预缩法。热缩的方法按给热的方式分为两种:一种是直接加热法,热体对布面接触加热;另一种是间接加热法,利用热空气和辐射热加热,可利用烘房、烘筒、烘箱的热风形式及应用红外线的辐射热进行预缩。加热的温度和时间一般应低于定型温度和时间。

4. 汽蒸预缩

这是一种湿热预缩的方法。织物在汽蒸加湿和加热的作用下,恢复纱线的平衡弯曲状态,达到减少缩率的目的。可在烘房内通入热蒸汽,材料在松弛状态下可预缩。有条件的服装厂可采用汽蒸式预缩机进行预缩,该类预缩机可分为呢毯式和橡胶毯加热承压辊式两种。汽蒸预缩是将湿预缩与热预缩组合一体的预缩方式。同时还具有布面平整的作用,可谓一举两得。

一般服装厂可采用将准备预缩的材料在无张力作用的松弛的状态下放入烘房,内通 49~98 kPa(0.5~1 kgf/cm²)的蒸汽压力,让织物在湿热的作用下自然回缩,时间可视材料不同而定,然后经过晾干或烘干方法进行干燥处理。

其他辅料如橡筋带、橡筋线等也可应用汽蒸方法帮助预缩。

5. 预缩机预缩

随弹性物质的屈曲运动,织物受到挤压产生收缩,这是一种比较先进的预缩方法。预缩机的种类很多,主要有呢毯式和橡胶毯加热承压辊式两大类。

机械预缩机预缩原理:

机械预缩机采用一种可压缩的弹性物质,如呢毯、橡胶毯等作为材料,将可塑性纤维织物压紧在该弹性物质表面上,在弹性材料屈曲时,它的外弧增

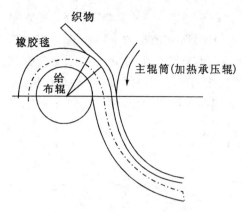

图2-7 机械预缩机预缩原理

长,而内弧随之收缩,如果将弹性材料再往反向弯曲,则原来伸长的一边变为收缩,而收缩的一边变为伸长。织物紧压在弹性物质上,随着弹性物质的运动,织物从弹性物质的外弧转向内弧,即从拉伸部分转入收缩部分。由于不允许有滑动和起皱的余地,就必然会随着弹性材料的收缩而挤压产生收缩,这样可消除原来大部分潜在的收缩,达到预缩的目的(图2-7)。

随着纺织印染企业产品质量的不断提高,许多纺织印染企业生产的织物,在出厂前都进行了预缩处理。因此,将来服装企业可望取消织物预缩整理的要求,只需自然预缩即可。

二、材料的整理

材料在检验后会发现许多疵点和缺陷,例如织疵、缺经、断线、纬斜等,如能通过整理工序给予修正和补救,对提高成衣质量、提高材料的利用率、降低成本是很有必要的。

1. 织补

指对面料存在的缺经、断纬、粗纱、污纱、漏针、破洞等织疵,用人工方法对疵点进行修正。分为坯布织补、半成品织补和成品织补。

一般的服装厂和针织厂专门设有修补间或配有修补工,织补也作为一道必要的工序。服装厂的半成品修补,一般是对剪裁后的裁片疵点进行修补。如已经制成成品服装再发现织疵,进行织补处理时,称成品织补。一般只在呢绒、丝绸服装面料上使用,对于丝绸服装的非主要部位,如遇轻微织疵,也可采用绣花办法,补上与面料相同的散花,称为"锦上添花"。

对一些无法织补的疵点,可采用调片和绣花、贴花等方法给予补救。

2. 污渍去除

用毛刷、洗涤剂等去除污渍。

织物在生产加工、贮存、运输过程中,都有可能沾染上各种污渍,发现后可对污渍进行洗除,以提高材料利用率,避免浪费。

3. 整纬

对纬斜、纬弯现象进行矫正整理。

矫正纬斜的方法有两种:

一是手工矫正,将布料喷水湿润后,两人对拉,把纬斜矫正;

二是机械矫正,有条件的单位可利用滚筒式矫斜机进行纬斜矫正,速度快,效果好。

正常织物的经纬纱应经常保持互相垂直状态。湿加工时由于织物左右两边所受张力不均匀或中部与两边所受张力不一致,往往会造成织物的纬斜或纬弯等现象,薄织物更易产生。这种外观疵病可通过整纬装置进行矫正整理。

整纬装置是调整织物纬纱歪斜,改善织物外观质量的一种装置。整纬的作用原理是按织物的纬斜、纬弯方向和程度,调整整纬辊的位置,通过该装置的运行,使平幅织物全幅内有关部分的经向张力产生相应的变化,从而使纬纱歪斜程度在相应部位超前或滞后,达到全幅内纬纱与经纱垂直相交的整纬效果(见图2-8)。

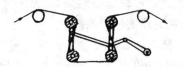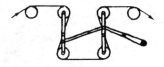

(a) 不整纬时的运转状态

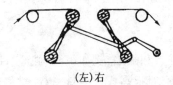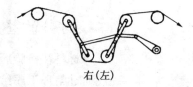

(左)右   右(左)

(b) 整纬时的运转状态

图 2-8 整纬装置原理

在没有整纬设备的工厂或者不能采用机械整纬的情况下,如单件服装加工等,可采用手工整纬方法。这种方法是,首先将原料喷湿,然后两人在纬斜的反方向对拉,等原料自然回复后,再用电熨斗烫干使其保持形态的稳定。如一次不行,可反复进行几次。此种方法劳动强度大、速度慢,质量也往往难以保证。

4. 裘、革的整理

抻宽定形是裘皮和皮革的整理措施。由于皮面不平整、面积不够大或有变形,可采取抻宽定形方法。首先在皮张的底板上喷上适量温水,使底板湿透,然后将皮板放在木板上,用钉子钉住。钉钉子时先钉下端,然后沿长度方面猛抻,再钉上端,最后将两翼钉住。四周钉完后,必须待其阴干后取下,这样可避免回缩,使皮扳平整。钉皮板时应注意按样板的尺寸钉,防止尺寸过大或过小。

如遇到皮板硝粉过多而太硬,可用藤棍轻轻抽打,可使皮子柔软些。

三、材料暂存

首先要进行复检。复检分两类:一是品质检查,二是复码。品质检查是对所购材料进行理化指标测试,复码包括匹长及幅宽检验,然后对各类材料登记建卡,面辅料和机物料分开存放。

存放场所应靠近下道工序加工,以减少搬运工作。

第四节　服装材料耗用预算 ································

目的是通过耗用预算,不仅知道一般服装的用料情况,还要了解特殊因素对用料的影响,以便企业进行成本核算。

服装生产中所耗材料一般有下列两类。

1. 成衣部分

服装材料用于成衣应越多越好,这部分所占比例越大越好,即所谓节约用料。但也要根据服装款式、材料、排料形式来决定。通常服装成衣所耗材料应占总耗料的80%以上。

2. 损耗部分

(1) 自然损耗。主要指自然预缩的部分。而缝纫损耗、工艺回缩等都已在工艺设计中考虑,不必计算在内。如前所述,服装材料在进行预缩处理时,材料要损失一部分。该部分所占比例一般较少,可忽略不计,但特殊情况下应予以考虑,尤其是湿缩部分有时较大。

(2) 缩水损耗。对缩水大的织物应在标准用料的基础上进行加放。

(3) 布面疵点损耗。织物在纺、织、染及贮运过程中,布面产生的织疵、污渍、破损等,会带来一定的疵布损耗。

(4) 色差损耗。织物在印染过程中或生产中的失误,同件服装上的衣片可能会有色差,当色差超过一定范围,则影响到产品质量,需要调片处理或产品降档,因而带来材料损耗。

(5) 铺料、段料损耗。主要指铺料、断料时,因各种原因造成的损失。如机头布、零头布、落料不齐、幅宽不齐等。

(6) 残次产品损耗。因技术难度、工人技术熟练程度及人为事故造成的损失。

(7) 特殊面料损耗。如有条格、花纹、图案、有方向性的面料,在生产加工时有特殊要求,需对衣片进行加放,故而增加了材料的损耗。

(8) 碎布损耗。服装在排版中,由于衣片是非标准几何形状,衣片之间必定存在空隙,这部分损耗则称之为碎布,它所占比例与服装款式、排料衣片数、排料长度都有直接关系,是服装材料损耗中较多的部分。

(9) 其他损耗。如材料试制、样品试制等。服装材料进厂后要进行各种理化指标测试,因此会带来一定的损耗。随着服装材料品质的提高,这部分损耗会越来越少以至忽略不计。

各种损耗的比例如表2-11所示。

表2-11　各种损耗的比例

成　衣	碎　布	段　料	计　划	其　他
80%	8%	7%	3%	2%

第五节　服装样品试制 ·····································

一、服装样品试制的目的

服装样品试制是根据其款式效果图或客户来图、来样及要求,结合企业自身条件,对即将批量生产的服装产品从中选出各款一件,进行实物标样试制。目的主要是通过样品试制,充分了解产品特征,为充分体现设计及要求效果,摸索和总结出一套符合生产条件、省时、省力、保证产品质量、科学合理高效的生产工艺及操作方法,以便修正不合理或超越客观现实的因素,并由此总结设计出一系列生产技术文件,指导大批量生产。

样品试制一般包括两个内容:第一是根据服装款式图(即效果图)或按客户来样进行样品试制。一般前者叫实样制作,后者叫确认样制作。它们的目的都是为了被客户认可。第二是根据客户的修改意见,以及根据生产的可行性研究进行实物标样试制,也叫试样。目的是为了帮助确立最佳生产方案和保证产品质量。

二、样品试制的准备

1. 对试制样品作全方位分析

首先对试制样品进行全方位分析,对所要试制的样品进行一次技术条件和要求的分析,列出该产品所需要的工艺要求、设备、工具、资料、材料等条件及工艺操作工序,并作好记录。特别是对样品关键技术处理方法进行探讨,列出所需的材料及其特征,并做好必要记录及说明。

2. 准备材料

首先根据核准后的生产品种,备好所需各种材料,主要是面料、辅料及机物料,并将所有的材料规格、品种颜色、数量及要求逐一进行核对,检查是否符合要求。样品试制用的一切材料,应一律使用正品,常规下不允许用等级品或者不符合要求的代用品。

3. 准备设备、工具

备齐所需各种生产加工设备及工具,并调校准确,对各种工艺参数做到准确无误,并处于备用状态。试制前要对所需要的设备、工具等作一次检查,并将有缝制特殊工艺要求的器材和配件准备妥当。然后,对所用的设备要进行调试,调试时应按试制材料的特性和工艺要求进行。如针迹密度、缝线的张力、缝纫的速度以及熨烫的温度、压力、时间等,要按技术要求调试正确,进入备用状态。

4. 试制人员到位

试制人员要具有一定的技术素质和水平,要能在质量和技术要求上有一定的分析能力和解决问题的能力,以便在试制过程中能切实处理和解决好有关技术问题。服装企业一般都有一个技术较全面的样品试制小组,他们专门从事新产品开发的样品试制工作,有时也兼做生产线上工人的培训工作或对零活及特殊服装的加工制作。试制人员要求技术上乘、责任心强、善于发现及解决操作问题,以便制订生产技术文件。

三、实样试制的过程

1. 单件样品试制

一般打出一个规格的一套板,作出各规格的一件样品。

包括分析样品或效果图、绘制结构图、制板及推板、样品制作、样品评审等。单凭服装效果图或者款式图是不能完全体现该服装的真正效果的,必须制作成实样,并对不合理的部位加以必要的修正。试制实样一般可参照以下几个程序。

(1) 分析效果图或实样。在分析效果图或者客户所提供的实样时,要着重四个方面的考虑:

① 选择与设计要求合适的面料及辅料。

② 分析该服装的造型。

③ 分析该服装各部位的轮廓线、结构线、装饰线及零部件的形态和位置。

④ 分析选用合适的缝制方法及所需要的附件,需用何种工艺,采用何种设备等。

(2) 绘制结构图。绘制样品服装的结构图可按下列步骤进行。

① 选择样品规格。首先选择试制规格,一般应按代表尺寸,内销的可按照国家号型中的中间标准体,即男上装 170/88,裤子 170/76;女上装 160/84,裤子 160/72;外销的可根据该国的中心规格试制;如果客户有来样,可按实样试制,也可根据客户要求选定规格。

② 选择结构造型方法。根据款式特点选择适宜的结构造型方法,是平面造型法还是立体造型法等。

③ 描绘样品纸样。根据结构图,绘制出衣片及各种零部件和辅料纸样,并加放缝份和贴边。同时填写图样说明,注明各部件的布纹方向、吻合记号及件数等。绘制后必须认真检查是否有遗漏、短缺等。然后剪成纸样,绘制结构图。

(3) 修剪试样布及检查其效果和形状。当纸样完成后,对没有把握的一些部件,如领子、袖子等,为了保证其合体情况及效果,可先用试样布进行立体别样(这项工作可在衣架上进行),观察其效果,然后作必要的修改。在完成以上工作后,方可裁剪正式衣料。

(4) 缝制样品。在缝制前必须慎重考虑缝制形式、缝迹、缝型、熨烫形式和顺序,尽可能采用简单合理的、既保证质量而效率又高的加工工艺,同时记录好加工形式、顺序和耗用时间。

(5) 样品的审视和评价。服装缝制完毕后,应把样品挂在衣架上,进一步审视有否缺陷以及发现存在问题。发现问题及时纠正或提出修改意见。修改确认后,方可进行成品整烫及包装。

样品试制完毕后,可提供订货客户确认的样品纸样及工艺、工序说明,留作技术档案。

2. 小批量试产

要求打出全套样板,作出各规格一定数量的样品。

目的是在单件样品试制的基础上,根据成批生产的要求,验证在流水线上是否能生产出合格的产品,采取的工艺是否合理高效。

试产是在批量投产前,按照产品设计的要求进行一次模拟工厂的加工条件及手段的少量实样试制,数量一般在 12 件(一打)以下。目的是通过试制,观察分析生产可行性和操作时间以便改进不合理部分,为制订必要的生产管理、质量管理等方面技术文件提供可靠的技术资料和技术数据,并提供生产用的实用标样。所以这是投产前的一项必不可少的技术工作,是关系到生产能否顺利实施的一项重要准备工作。小批量试产是对单件样品试制的补充及修订,以此验证产品造型、纸样结构、样板规格、组合搭配、生产特点等是否符合产品要求。小批量试产多由生产车间中某一生产线来完成,这样可验证该流水线上员工技术水平是否适合生产该产品,并验证流水线上人员配备、设备布局、工具应用是否合理,同时缩小了正式生产时的起步损失,缩短熟悉预备期限,但是有时某些问题不易被发现。

3. 试样原则

(1) 材料选用合理

服装每一个部位所使用的材料,都要做到"物尽其用",而不是"可有可无"或者"大材小用"。要尽可能发挥材料使用的功能合理性和经济合理性。

(2) 工艺设计合理

工艺设计的合理性包括两个方面:第一,采用的工艺手段必须适应材料的特性,不能损害或影响材料的特性和风格。第二,在设计工艺时要考虑便利操作,精简"操动"和"操动时间",坚持"求简不求繁"的原则。

(3) 款式颜色协调

服装样品的造型及配色与效果图相符合,不能差距过大,对于制做中由于工艺操作所限,达不到款式效果部分,可及时提出修改方案,并征得客户允许。

(4) 工艺流程顺畅

在成衣生产过程中,工序的先后排列,很自然地关系到工作效率。所以在试样过程中,工序的安排应相对集中,坚持提高工作效率和流程畅通的原则,否则会造成工序的逆流、交叉等不合理现象,影响生产效率。

(5) 确保设计效果

在样品试制中,不管采用什么材料、用什么样的工艺手段和工序排列,都必须确保设计效果。不能为了节约材料,简化工艺和工序,而影响制品的造型效果。否则会造成对制品本身使用价值的损害。

(6) 保证产品质量、按期交货

服装质量分内在质量及外观质量两种。

① 内在质量。这需从消费角度考虑使用寿命和价值,例如在加工过程中,对面料、里料、辅料的强度、牢度有否损害,缝道强度是否符合要求,尺寸、规格是否准确等。

② 外观质量主要看外观效果,丝缕、条格、纬斜、色差、拼接、缝制等技术项目是否符合标准。

对于内销产品应以国家、专业或企业有关标准为判定依据;来料、来样加工,订单应以客户要求为依据。交货期是服装生产中很重要的因素,在保证产品品质的条件下,必须按约定时间完成交货,以免造成违约经济损失,同时亦可树立良好的企业形象。

(7) 注意产品生产的可行性

样品制作完成后,必须考虑其批量生产可行性。可以试中样或大样,测试该产品的可行性。试中样,可裁制一打或数打,放入生产工段中进行中批量试制,观察在批量生产中是否可行。有一些产品批量较大的可试大样,即在裁剪工序中裁剪一次(几十件至几百件),然后按流水工序进行制作,观察和记录存在的问题,然后对样品再作一次修正,最后被生产部门确认后方可投产。

四、样品鉴定

服装样品试制完后应进行样品鉴定。服装样品鉴定是由企业设计开发、生产加工、质量管理、供销等部门共同组成样品鉴定小组会同审核。其内容如下:

① 设计、样板、工艺、装备的鉴定;

② 试制实样的鉴定。

包括产品造型、结构、规格尺寸、工艺及性能的鉴定。内部鉴定合格后,需填入鉴定表,如表 2-12 所示。

表 2-12　产品试制鉴定表

生产通知单批号_____	订货合约_____	号型系列_____
产品型号_____	产品名称_____	订货单位_____
试制车间(小组)_____	试制负责人_____	生产数量_____
样品试制数量_____	小批量试制数量_____	其他_____
试制中存在的问题_____		
鉴定意见_____		
参加鉴定人签名_____		
		____年____月____日

1. 款式造型与样品实样审核

主要鉴定产品造型、服装结构、材料组合是否符合客户及设计要求;鉴定样品尺寸规格、号型设置是否符合要求;鉴定产品质量是否符合要求。

2. 样板、工艺及装备审核

主要鉴定服装样板是否准确齐全、各组合部件是否吻合、样板标注及说明有无漏缺、各档档差及推档是否有误;生产加工流程、工序分析与编制是否符合生产条件、是否是最佳工艺设计,工艺参数及技术质量要求应准确无误;服装加工设备能否保证产品质量,设备状态应正常,辅助工具应齐备并保证顺利进行批量生产。

服装样品鉴定是一项严肃的审核工作,各个有关部门应认真对待,服装企业通常设计有"服装样品试制鉴定表",供鉴定后签署审核意见。服装样品鉴定合格后,方可正式批量生产,对存在的细小问题应提出改进意见后,同意投产,但必须用书面说明在正式投产时的改进方法或补充规定。对存在问题较多、问题较严重的样品或与客户要求差距较大,应否定样品并重新试制,再次鉴定直到合格,方可正式投产。

3. 封样

在内部鉴定合格的基础上,送交客户进行最终确认存档,即所谓封样。对于客户提出的要求、来样来料的产品、新产品、服装某些因素或要求较含糊、易混淆、不易表述等,则需封样来澄清;在样品试制过程中,由于客观原因,样品试制后发现产品无法达到原合约要求,需作部分修改,有时为简便起见,可用封样来处理。此外,封样必须经双方共同确认、办理有关手续认可并加盖封样章后,方能生效。

五、技术数据、资料的测定及收集

服装样品试制过程中需注重有关技术资料的测定及整理工作,并作为成衣生产中技术措施、质量标准、经济核算及劳动定额等管理文件的基础。

1. 技术资料的记录和收集

(1)原材料资料的收集。包括试制样品所用的材料及其工艺技术质量等。与生产有关的资料要及时收集。主要内容有原料的属性、品名、规格、品号、等级、颜色、价格、生产厂家和出厂日期。同时对材料性能方面的资料也要收集,如收缩率、色牢度、色差、强度、耐热度、干燥重量、回潮率等物理、化学性能指标,都必须记录备查。这是作为制定工艺措施的技术依据。

(2)工艺技术资料的收集。样品试制完成后,须将款式图、裁剪图、样板、排料图、成品规格单、工艺单及各个工艺过程的工艺要求、技术标准等资料,用文字和图表记录清楚,并收集整理归档。

(3)实物标样的收集。主要是材料标样和成品标样两种。材料标样,从面料、里料、衬料到各种线、钮扣、钩等辅料,收集后列成标样,注明货号、规格、花色及要求。收集这些材料标样时,必须注意收集标准样品,不要选用与实际不符或等级品作为标样。成品标样,是指样品试制完成后,被技术、生产等部门认可(如加工类型的服装样品必须被客户所确认,也叫确认样),这类实物样品应按规定手续,封存入档作为标样,也称封样。如属现货生产,生产单位保存一份即可;如属加工,须客户和厂方各执一份;如中间有公司等调节部门,还需增加实物标样。数量要根据合同要求和实际情况确定。成品样品的标样必须是正品,不能用等级品或副品留作标样。

2. 技术数据测定

（1）工时测定

在样品试制过程中,对每一个工序要测出"操动时间"和"余裕时间",这些数据作为制定生产劳动定额,生产进度控制,劳动定额确定,工序分析与改进,工序编制及生产效率核算的重要依据。

（2）材料消耗测定

材料消耗的测定对该产品所需要的各种材料,如面料、里料、衬布、缝线、钮扣、拉链、橡筋等辅料,必须测定和计算耗用量,并作好记录。这也是成本核算的依据。

（3）工艺技术参数测定

通过样品试制对生产中各项技术参数进行测定,并考察其可行性,如裁剪、黏合、缝纫及整烫等各项工艺参数,以此作为制定技术措施及设备调试的依据。

第六节　服装生产信息文件

一、生产合约书

生产合约书是一种来料加工的合约书，见表2–13。内容包括：编号、款式、数量、货期、水洗方法、布种、备注等。

表2–13　生产合约书

日期：　　　　　　　　　　　　　　　　编号：
客方：_____
厂方：_____
款式：_____　数量：_____
货期：_____　水洗方法：_____
预算到布期：_____　布种：_____
预算物料到车间期：_____
备注：_____
客方：_____　厂方：_____

二、成衣样板制造通知单

内容包括制单号、款式、布料组织、用布量、辅料、车缝工序及工时数、尺寸、布板、制作、注意事项、图例及制作方法、裁剪及品质检验等。

三、服装生产制造通知单

服装生产制造通知单又称服装制作任务书,它是服装制作中的命令性文件。见表2-14。内容包括：制单号、客户、合约号、款式、布料、落货期、成衣的尺码、颜色及数量分配、成衣的尺码及各部位的尺寸、包装说明、辅料、制作要点、图解。

表2-14 生产制造通知单

制单号：_____ 客户：_____ 合约号：_____
款式：_____ 布料：_____ 落货期：_____ 填发日期：

颜色		合计	包 装 说 明	辅 料	
数量				商 标	
尺码				拉 链	
				钮 扣	
				吊 牌	
尺码			制作要点	图 解	
尺寸					
部位					
胸围					
身长					
领围					
			度量方法		

制表：_____ 生产厂长：_____

四、裁床明细表和总表

内容包括制单号、制单数、床次、数量、不同尺码及颜色的数量分配、铺布层数、用料等。

五、车间生产排期表,即车间生产进度表,见表2-15

表2-15 车间生产排期表

款式	客户	布料及款式	数量/件	车间	水洗方法	布料准备	裁期	车间期	包装期	交货期
B-21	南洋	男全棉长裤	800	3	普通水洗	3月5日	3月9日	3月20日	3月29日	4月2日

日期： 年 月 日 单位：件
制表：_____

六、车间生产日报表,见表 2-16

表 2-16 车间生产日报表

部门: 1组   日期: 年 月 日

制单号	合同数	款式	裁数	拉链/上领		后袋/衣袋		裤腰/下摆		门襟/钮门	
				本日	累计	本日	累计	本日	累计	本日	累计
TS-65	7 800	女裤	7 880	40	7 880	80	7 800	70	7 000	210	6 800
S-78	1 000	男衬衫	1 100	90	1 100	100	1 000	150	880	300	750

制表: _____

第七节 服装生产技术文件

一、生产总体设计技术文件

包括服装厂规模和生产品种。主要内容有:

1) 产品的品种和数量;

2) 产品的生产时间;

3) 人员配置;

4) 加工工具和设备的配置;

5) 工序编成效率;

6) 设计生产流水线。

二、生产工序技术文件

包括工艺流程图(包括工艺单)和工艺卡两种。

工艺流程图上有各道工序的名称、纯粹工作时间、工序序号、流水程序、需用的设备和工艺装备等。

工序卡上有各道工序的操作说明,用图表明主要部位的要求及使用设备工具、加工技术要求、工时定额等。

三、质量标准技术文件

包括国际标准、国家标准、专业标准、企业标准。

四、技术档案

主要包括设计图、内外销订货单、生产通知单、原辅料明细表、原辅料测试记录表、工艺单、样板复核单、排料图、原辅料定额表、工序定额表、首件封样单、产品质量分检表、成本单、报验单、软纸样。

第八节　服装样板管理 ....

一、服装样板定义及分类

样板是服装生产中排料、画样、裁剪、缝制、熨烫及后整理加工中不可缺少的服装衣片标样。样板种类很多,据其用途不同可分四种:

(1) 大样板。即所有衣片的样板,供排料、画样、裁剪所用。

(2) 小样板。又称之为模板,指服装在生产加工过程中需画样、定位、扣烫、勾缝等所用的辅助样板。

(3) 漏粉板。通过人工或服装 CAD 系统排好的板样,沿衣片线每隔 0.3~0.4 cm 打成细孔,以便漏粉,目的是代替画样。该版对产品不变、面料幅宽不变的大批量产品非常适用,生产效率极高。

(4) 绣花板。主要用于绣花时表示针法及绣线色泽的图示纹样。

二、服装样板审核

样板审核是一项技术性很强的工作,要求认真细致,不得有丝毫差错。通常由企业生产技术部门、产品开发部门中有丰富经验的专业人员进行审核。审核内容如下:

(1) 款式结构与各部位的比例、大小、形态及位置是否与实物样品、效果图、照片或采样一致;

(2) 所有衣片与零部件是否齐全,有无漏缺;

(3) 所有标注是否清晰、准确、不可漏注;

(4) 各档规格是否齐全,跳档应准确;

(5) 规格尺寸的缩放、加工损耗、缝头加放、贴边是否准确;

(6) 样板四周直线是否顺直,弧线是否圆顺;

(7) 定位标记、刀口是否准确,有无漏剪;

(8) 各组合部位如领、袖、袋、面里衬等是否相容相符;

(9) 是否考虑材料性能及制作工艺特点等。

对于初次试制的样板,应通过单件及小批量样品试制验收合格后,进行修正。审核后的样板应做好记录,并在样板四周关键部位加盖样板审核验讫章。未经审核通过盖章验讫的样板,一律不准交付使用。审核通过盖章验讫的样板,任何人不得以任何理由擅自修改。必要时须经主管部门批准,由专职人员负责修订或增补,并立即报废不合要求的样板,以免误用。

三、样板管理

样板管理分领用、板房及使用管理。样板的正确管理是保证产品质量及避免出错的重要手段之一。

(1) 样板领用管理。样板领用时,有关人员必须凭"生产通知单"或专用的"样板领用归还表"去板房领取;领用的样板必须是经审核验讫,盖有验章的样板;领用的样板品名、规格、号型、款式、数量必须与单或表相符无误,并做好有关登记手续。

(2) 板房管理。服装企业一般都设有板房供存放过去曾使用过的服装样板,样板存放在板房时应对其进行分类、登记建卡工作,对样板名称、品名、规格、板数及存放位置、使用情况进行详细登记;样板存放应合理,平放时应大片在底,小片在上依次叠放,防止变形;吊挂时应尽量在放缝、贴边等处打眼、穿绳、吊挂;纸质样板还可卷绕存放;板房环境应通风、干燥、无阳光直射,且应防鼠咬;对长期不用的或无使用价值的样板,不得私自销毁,应申请并得到上级许可后,方能集中销毁;板房管理人员应做好登记消号手续,借出收回均应仔细清查;板房管理人员不得修改样板,更不得私自出借他人,也不得复制样板。

(3) 样板使用保管。样板在使用过程中应有专人负责,用有人管、放有人存;样板使用中不得随意乱丢放、乱压碰,以防损坏;样板使用中不得随意修剪或涂画,应保持其完整清洁;样板使用中万一发生损坏,应及时如实上报,并由有关人员负责复制,使用者不得随意复制;样板使用中任何人不得出借他人或单位,亦不可与不同号型规格的样板混放,以免差错,样板使用完后,应尽快清理如数归还。

四、标准样板的检查

标准样板是用于裁制衣片的正式样板,必须在投产前与生产通知单的规格进行对照,确认按设计图设计的标准样板有无错误,检查内容包括:

(1) 各控制部位及细部规格是否符合预定规格;

(2) 各相关部位是否相吻合,即数量是否相符,角度组合后曲线是否光滑;

(3) 各部位的对位刀眼是否正确及齐全,布纹方向是否标明。

第三章　裁剪工艺

第一节　裁剪分床

一、裁剪分床的意义

　　服装企业不同于个体作坊的特点是：款式多，规格多，数量大。

　　例如，对这样的生产单，见表3-1，既不可能一件一件地裁，也未必一次能裁完，因为裁床长度和裁剪厚度是有限的，因此，需要找出一种科学合理的方法。

表3-1　服装生产单

规　格	36	37	38	39	40	41
件　数	300	600	600	600	600	300

　　裁剪分床，就是对生产订单，分组分别进行排料、铺布和裁剪的方法，分成的每一床的厚度和件数都是独立的。

二、裁剪分床的内容

　　包括四部分：

　　(1) 整批生产任务分几床——床数；

　　(2) 每一床铺多少层织物——铺布层数；

　　(3) 每一层排几个规格——规格数；

　　(4) 每一层每个规格排几件——件数。

三、分床方案的表示方法

n/N 表示一床中 N 规格 n 件。

例如 1/36 表示 36 规格排 1 件,2/37 表示 37 规格排 2 件。

上述生产定单,如果生产条件允许,可以这样分床:

$$2 床 \begin{cases} (1/36+1/37+1/38+1/39+1/40) \times 300 \\ (1/37+1/38+1/39+1/40+1/41) \times 300 \end{cases}$$

它表示共分两床,第一床的每一层排了 36 规格 1 件,37 规格 1 件,38 规格 1 件,39 规格 1 件,40 规格 1 件,共铺 300 层;第二床的每一层排了 37 规格 1 件,38 规格 1 件,39 规格 1 件,40 规格 1 件,41 规格 1 件,共铺 300 层。

四、裁剪分床的原则

(1) 符合生产条件。分床床数应根据服装批量大小及裁剪设备生产能力等来决定;铺布层数由裁剪设备的最大生产能力、面料性能、服装质量、工人的技术水平来决定;铺布长度取决于裁床长度、人员配备、织物匹长等。

理论上,最大铺布厚度=裁刀最大裁剪厚度/一层面料厚度

(2) 节约面料。应尽可能采取套排。

(3) 提高生产效率。尽可能节约工时、人工,减少重复劳动。

五、裁剪分床的基本方法和技巧

(1) 比例分床法。最基本的分床方法。

生产单中,各规格及色泽之间有一定的比例关系,一般来说,各规格件数的比例数即可作为一床一层中各规格的件数,其最大公约数作为铺布层数。

例 1 生产任务单见表 3-2。

表 3-2 生产任务单

规 格	36	38	40	42	44
件 数	400	800	800	200	200

如没有生产条件限制,则分床方案为

1 床 (2/36+4/38+4/40+1/42+1/44)×200

(2) 分组分床法。生产单中的规格件数不成比例关系,或不能直接采用比例分床法,可采用分解后再组合的方法。

例 2 生产任务单见表 3-3。

表 3-3 服装生产任务单

规格	36	38	40	42	44
件 数	200	600	700	250	250

可将 40 规格的 700 件分成 200 和 500,分别进行排料、铺料。

分床方案为: 2 床 $\begin{cases}(1/36+3/38+1/40)\times 200\\(2/40+1/42+1/44)\times 250\end{cases}$

(3) 并床分床法。生产单中某些规格数量很少。单独分床效率很低,条件许可时,可将两床或多床合并成一床。

例 3 生产任务单见表 3-4。

表 3-4 生产任务单

规 格	36	38	40	42	44
件 数	40	80	90	25	25

可采用分组分床法,分床方案为: 2 床 $\begin{cases}(1/36+2/38+1/40)\times 40\\(2/40+1/42+1/44)\times 25\end{cases}$

也可采用并床分床法,分床方案为:

1 床 (1/36+2/38+1/40)/(2/40+1/42+1/44)×40/25

见图 3-1 并床法示意图

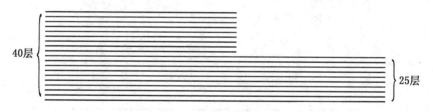

图 3-1 并床法示意图

(4) 加减分床法。实际生产中,各规格件数之间毫无规律,如将某些规格件数略加调整,则又可用前面介绍的分床法。增减量一般在 5% 范围内客户可接受。

例 4 生产任务单见表 3-5。

表 3-5 生产任务单

规 格	36	38	40	42	44	46	48
白 色	0	100	100	300	300	200	200
黑 色	407	407	1224	1224	817	817	0

调整后,生产任务单如表 3-6

表3-6 调整后生产任务单

规 格	36	38	40	42	44	46	48
白 色	0	100	100	300	300	200	200
黑 色	408	408	1224	1224	816	816	0

如果没有条件限制,分床方案如下:

2 床 $\begin{cases} (1/38+1/40+3/42+3/44+2/46+2/48)×白 100 \\ (1/36+1/38+3/40+3/42+2/44+2/46)×黑 408 \end{cases}$

如果铺料最多为 510 层,每床可套排 8 件,则分床方案为:

3 床 $\begin{cases} (1/38+1/40+2/42+2/44+2/46)×白 100 黑 408 \\ (1/36+2/40+1/42)×黑 408 \\ (1/42+1/44+2/48)×白 100 \end{cases}$

六、裁剪分床方案分析

应根据分床原则分析,即在符合企业生产条件的前提下,尽可能地节约面料,提高生产效率。

例5 生产任务单如表3-7。

表3-7 生产任务单

规 格	S	M	L
件 数	200	300	200

试选择生产方案。

有多种方案:

(1)3 床 $\begin{cases} (1/S)×200 \\ (1/M)×300 \\ (1/L)×200 \end{cases}$

(2)2 床 $\begin{cases} (1/S+1/L)×200 \\ (1/M)×300 \end{cases}$

(3)2 床 $\begin{cases} (1/S+1/L)×200 \\ (2/M)×150 \end{cases}$

(4)2 床 $\begin{cases} (1/S+1/M+1/L)×200 \\ (1/M)×100 \end{cases}$

(5)1 床 (2/S+3/M+2/L)×100

方案比较如表3-8

表3-8 方 案 比 较

方案	床数	铺布层数	裁剪量	铺布长度	其 他
(1)	3床	700层	3件	最 短	各规格一次裁完
(2)	2床	500层	3件	有套排	两次裁完
(3)	2床	350层	4件	有套排	有重复劳动
(4)	2床	300层	4件	有套排	有重复劳动
(5)	1床	100层	7件	最 长	有重复劳动

一般来说,生产普通面料服装,选择方案(2);

生产高档面料服装,选择方案(3)或(4);

只有当裁床长度较短,面料又较薄时,选择方案(1)。

例6 生产西服上衣,生产任务单如表3-9,面料为毛花呢。已知裁床长8 m,电剪最大裁剪厚度为15 cm,试确定裁剪方案。

表3-9 生产任务单

规 格	30	31	32	33	34	35
件 数	150	300	300	300	300	150

解:毛花呢厚度大约为1 mm,最大铺布层数为   15 cm/0.1 cm=150(层)

裁床长8 m,每床可排5个规格。

以节约面料为主,考虑多件套排,分床方案如下:

(1) 2床 $\begin{cases} (1/30+1/31+1/32+1/33+1/34)\times150 \\ (1/31+1/32+1/33+1/34+1/35)\times150 \end{cases}$

(2) 2床 $\begin{cases} (1/30+2/31+2/32)\times150 \\ (2/33+2/34+1/35)\times150 \end{cases}$

比较两个方案如表3-10

表3-10 比较两个方案

方案	床数	铺布层数	规格	件数	其他
(1)	2床	150层	5	5	均匀套排
(2)	2床	150层	5	5	各自套排

比较两个方案,都省料,也都有重复劳动,但方案(1)套排更均匀,也较方便,因此选择方案(1)。

第二节　排料及画样 ....

一、排料的意义

裁剪过程中,对面料如何使用、用料多少进行有计划的工艺操作,称为排料。

排料为铺料提供依据,影响面料消耗及服装质量,是一项技术性很强的工艺操作。

二、排料原则

首先考虑服装制作工艺的要求。包括:

(1) 面料正反面保持一致,衣片要有对称性,避免出现"一顺"现象。见图3-2 衣片的正反面及对称性。其中图(a)、(d)为正确的衣片排放,图(b)、(c)、(e)为错误的衣片排放,出现"一顺"现象。

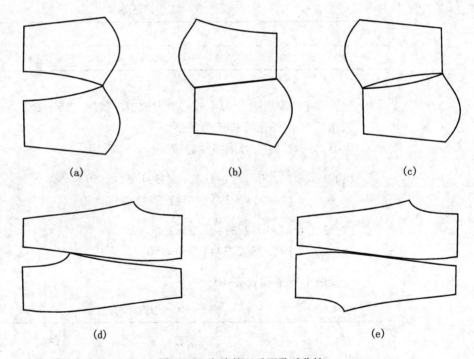

(a)　　　　　　　　(b)　　　　　　　　(c)

(d)　　　　　　　　　　　　(e)

图 3-2　衣片的正反面及对称性

(2) 注意面料的方向性。一方面,面料有经纬向之分,不同方向的性质不同,见附录一;另一方面,有些面料,当从不同方向看时,其表面呈现不同的特征和规律,如起绒面料、条格面料、某些图案面料。

有方向面料,应根据设计和工艺要求,保证衣片外观的一致或对称,避免绒向或图案倒置。

（3）注意色差的影响。对边色差和段色差分别处理。

其次要考虑设计的要求。

例如,有的设计要求用面料的反面;有的设计要有不对称的效果;有些设计的条格要呈一定角度等。

最后要节约面料。一般方法是:先大后小、紧密套排、缺口合并、大小搭配（见图 3-3）。

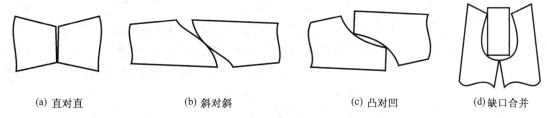

(a) 直对直　　　　　(b) 斜对斜　　　　　(c) 凸对凹　　　　　(d) 缺口合并

图 3-3　排料方式

还有一些技巧,如化整为零,调剂平衡,倾斜丝缕,必须在标准允许范围内进行。见附录二、附录三。

三、排板安全技术操作规程

（1）排料时要严格按照工艺要求进行排料。排料的用量要限制在规定的范围,如有异议应及时通知技术管理部门。

（2）排料前首先要检查布幅宽度,若发现布幅过宽或过窄与工艺要求不符时,要及时报告。

（3）在排料过程中绝对禁止漏排、错排或重排,以免造成不必要的浪费。

（4）要严格按照工艺设计规定的款型与号型进行排板,不得出现错排。排版后要进行复核。

（5）要切实爱护样板,保证样板的完好无损,不得丢失。排版完成后要及时将样板收好或交还技术部保管。

四、排料准备工作

1. 检查样板

（1）复核样板数量。在正式排料画样以前,必须对所领取的全套规格系列样板进行认真细致地清点复核。包括号型、款式、规格尺寸、零部件配置、大小块数量,要按本批批量要求进行检查,确认没有丝毫误差、缺短时,才能进行排料画样。

（2）校对样板质量。

① 样板是否经过技术和质量检验部门审核、确认,以辨其真伪。

② 对反复使用过的旧样板,确认规格大小没有变形、磨损、抽缩,要求线条边保持顺直圆滑,保持其准确性。

③ 弄清样板是毛样还是净样,采用什么缝制方法,其缝份是否合乎要求,

要保证质量。

2. 核对任务单和用料

(1)领取或绘制排料缩小图。以此图为依据,制订各档规格的用料定额,做到排料手中有图,心中有数。

(2)核对生产任务通知单。根据通知单,核对所裁品种的款式、号型,原料花型,规格搭配,颜色花色搭配,条格搭配。裁剪数量及裁片零部件是否与通知单吻合。

(3)核对用料。根据排料缩小图上规定的原料幅宽及用料长度、数量与实际排料是否相符,并仔细考虑排料缩小图是否还有节约用料的余地。

3. 仔细识别排料画样布料的正、反面及表面特征,见附录四。

4. 了解材料缩水性能。

5. 了解款式要求。

五、排料要求

1. 排料形式

(1)单独排料。只排一件,不适合于大批量工业生产。

(2)复合排料。多套样板套排,省料,适合于大量生产。

2. 具体排料要求

(1)一个铺料层中必须排完所有的衣片。

(2)一个铺料层中首先必须排完绝大多数衣片,留下的衣片必须排满整个门幅,切忌用其他卷的布料作为留下衣片的用料,面料的正反面与衣片要保持对称、一致。

(3)考虑到衣片复杂的缝制过程及为了保证衣片尺寸,样板排放时应存在一定距离。

(4)样板排放时,要让开面料的薄处、接头部分、烂布边,并按划皮的终端来剪齐铺放的面料。

(5)样板排放时,一般尺码相近长短一样或长短相近的服装号型规格组合是最经济的。

(6)衣片经纬纱向(俗称丝缕)的状况,是决定产品质量优劣的重要条件之一,各种衣片样板都有经纬向的标线,每个产品的技术标准,都有经、纬、斜的规定。排料在"摆正排不下,倾斜则有余"的情况下,使经纬向既符合技术、质量要求,又能解决节约原料与合理排料的矛盾。

(7)条格织物要对条格。

①准确对格法。排料时对正条格。

②放格法。排料时将需对条格的两个样板之一放大后排料,裁剪后再逐层对正条格裁出净样。

六、排料方法

1. 正确排放,巧安排。根据服装裁片主、附件的构成特点,排料方法概括为"齐边平靠,斜边颠倒;弯弧相交,凸凹互套;大片定局,小片填空;经短求省,纬满在巧"。

(1)齐边平靠,斜边颠倒。齐边平靠是指样板有平直边的部件,尽量相互靠拢或者平贴于衣料的一边,如裤腰的直边贴靠布边;上衣门襟止口靠直布边,底边齐纬向一端。两条直边相靠,力求两条直线拼为一条直线更省料。

斜边颠倒,是指有斜边的部件,则颠倒其一,使两个斜边顺向一致,两线合并,消灭空档。如两肩缝,两袖上斜边颠倒相靠。

(2)弯弧相交,凹凸互套。弯弧相交,是指样板部件中,凡有内弯和外弧的边缘,如大袖袖缝对摆缝;翻领的外口套里口;裤片的两侧缝颠倒并拢等等。

凹凸互套,是指样板中有明显的内凹、外凸的边形部件,尽可能使其凹凸互套。如大袖的袖山与小袖的凹弯互套。

(3)大片定局,小件填空。大片定局是指每一个排料画样图版,均应使主要部件、大部件按前述方法,大体上两边排齐,两头摆满,形成排料画样的基本格局,然后再用小片、小件、零部件填满空隙。需要反复推敲、试排,反复比较,以取得排料画样的最佳方案和效果(包括画缩小图)。

(4)经短求省,纬满在巧。经短求省是指排料画样时,力求占用的经向布料长度越短越好,这样经向越短越省料。在经短求省的同时,还要考虑使其中的空隙容纳得下小部件和零件。这就要巧设计、巧安排,把纬向的空间填满,这就是"纬满在巧"。合理的排料必须做到经向缩短与纬向填满的统一。

2. 合理套材,合理套排。是指在保证裁片质量的前提下,利用品种、规格的长短大小的差异以及主件、附件和零部件的不同形状、大小,利用布料的不同幅宽,按前面所述的排料画样要求和方法排料。

常见的套排方式有:单独裤子套排画样,单独上衣套排画样,上装和裤子混合排料画样,单一规格套排画样,不同规格排料画样。

特殊衣料排料画样见附录五。

七、排板(料)利用率

排板利用率=样板面积/布幅面积×100%=(布幅面积-碎片面积)/布幅面积×100%

样板面积有三种求法:

(1)几何法。利用方格纸。

(2)称重法。用质量比求出面积比。

(3)复合法。利用求积仪求出各部分面积。

排板利用率的影响因素:排料形式、衣片形状、尺寸、样板放置形式、织物种类、幅宽、长度、服装款式、规格、样板数量等。

八、画样

裁剪工程中,将排料结果画在纸上或面料上的工艺操作称为画样,又称画皮。画上排料结果的织物或纸称为样型。

1. 画样方式

(1) 纸皮画样。用较薄的纸画样,铺在需要裁剪衣料的第一层上面。多用于贵重的薄料裁剪。优点是避免直接画样的污染,并且同一纸样,可通过复制多次运用,画样方便,易修改;缺点是费工费事。

(2) 面料画样。在铺料的表层衣料上(把表层取下来),直接按样板进行排料。一次性使用,节约用纸,但不易修改,较易污染衣料,不适于薄料子(线条容易透至衣料正面),多用于颜色较深的厚料子,可用于条格面料。

(3) 漏板画样。即先在平挺、光滑、耐用、不抽缩变型的纸板上,按照衣料的幅宽,在上面排料画样,再按画线准确、等距、细密地打孔连线。将漏板覆在衣料的表层上,经漏粉漏画出衣料裁片的线,作为开裁依据。由于漏画出来的线略像花型图案,故又称漏花板。可多次使用,适合反复"翻单"的大批量服装生产,减轻工作量。

(4) 排料缩小图。是按实际排料画样的规格系列样板,按比例缩小的排料图,作为1:1放大排料画样的依据,避免在长匹料上试排、设计、计算。既是裁剪排料画样的技术依据,也是材料消耗定额的计算依据,一般由专业人员设计,画排缩小图。

(5) 电子计算机画样。准确,效率高,易存储。

2. 画样要求

画样线条是推刀裁剪的依据,画线的质量,直接影响裁片的规格质量。具体要求如下。

(1) 画线准确。把样板摆准、固定,紧贴样板画线。手势要准确不能晃动歪斜,偏离样板;尤其要掌握好凹凸弧线、拐弯、折角、尖角等,折向部位要画准、画顺。用力要适当,用力过大,容易使轻、柔、薄原料伸长,造成不准;用力过轻则线条不清或易脱落,也会给推刀带来影响。

(2) 线迹清晰、顺直圆滑、无断断续续、无双轨线。线条要细,不能粗。做到线条窄细、清晰、准确,不能画双道线、粗线,线条不能断断续续、模模糊糊,以免影响推刀路线的准确性,产生线向里、向外的误差,影响裁片和零部件的规格或部件形状。

画笔要削细,要根据各种产品原料的质地和颜色选择不同的画粉。衬衫、衣裙等衣料纱支较细,质地较薄软,颜色较浅,一般用铅笔画;服装布料较厚,色较深,可选白色铅笔或滑石片画;毛呢料因厚重、色深、纱支较粗,可选划粉画。

(3) 如有修改,应清除原迹,以防误认。

(4) 防止画粉污染面料。画线所使用颜色的选择要十分注意,既要明显、清楚、易辨,又要防止污染衣料,不宜用大红、大绿的色粉、色笔画样,以免色泛至正面;同时也要防止画错后揩不掉、洗不净,造成调片损料。尤其忌用含有油脂的圆珠笔、画笔等极易污染衣料的画具画样。

(5) 标记符号要注明。刀眼、钻孔等标记符号在服装批量裁剪中,起着标明缝份窄宽,褶裥、省缝大小,袋位高低,左右部件对称以及其他部件位置的固定作用。有的用打眼作标记,有的不直接打眼则用有色笔点眼作标记。所有标记符号都要求点准、打准,不能漏点、错点或多点。还必须对所画裁片的规格、上下层标记,用符号写清注明,以利于分色、编号、发片,这都是不可疏忽的工作。

综上所述,排料画样要求:部件齐全,排列紧凑,套排合理,丝缕正确,拼接适当,减少空隙,两端齐口。两端齐口是指布料的两个边不得留空当。既要符合质量要求,又要节约原材料。排料画样后,要对排料画样图进行全面、细致的检查。首先将各部位的全套样板收齐、归类、清点,检查是否按照样板画齐配准;其次,检查画样丝缕和画样线条是否准确无误,各种标记符号是否画齐;然后做好书面记录,将整个图板交给铺料工序。

附录一 经、纬、斜(丝缕)的结构特征和用途

经纱(直丝缕):强力较高,张力较强,较光滑耐磨。因此具有结实、挺直、不易伸长变形的优点。适宜按人体垂直方向使用。主要用于服装的长度(衣长、袖长、裤长、裙长)方向;而有些部件如腰头、腰带、茄克衫克夫、肩袢、袖袢、袖头及袋口嵌线料等,则是取经向料横裁,主要是取其经向不易伸长、且结实的特点,并有美化效果。还有取直丝料作门襟止口、袋口、开衩等用,也是取其牵制、固定的特性,以保证各部位的稳定、平伏、不易松弛变形。

纬纱(横丝缕):强力较低,但纱质柔软,适于按人体横向使用,主要用于服装的围度及各局部的宽度。有丰满、宽阔的效果,可随人体活动、运动变化。

斜纱向(斜丝缕):主要指经、纬纱交叉点的斜向排列,没有斜向的纱线。特点是伸缩性大,有弹性,具有良好的可塑性,易于弯曲变形,根据这一特性,多用于滚条、牙边、压条的取料方向,能取得条边丰满的效果。用斜料作领里、袋盖里、腰里、男女裤里襟等,具有保持或"服从"面料形态的"随料应变"的作用。用斜向裁制的斜裙、掐腰连衣裙(正斜45度为佳),能表现垂缕、波浪纹,"有垂络顺畅、浪势圆丰、张弛自如"的优美效果。用斜丝缕的条格作上衣横向过肩、竖拼条、人字条、领面、口袋、腰带等,能增加装饰美。这些都是经、纬纱向不具备的优点。

任何衣片、部件都可取经、纬、斜三种纱向的丝缕。服装的结构设计制图,特别是具体排料画样时,必须弄清衣料的经、纬、斜三种纱向特性以及它们在衣片主件、附件、装饰件中所起的特殊作用,进行设计、摆放和排料画样。这是一项不可忽视的技术工作。行家要会看"丝道"、会用"丝道",只有这样才能使每一件(条)服装各部位平整妥帖,各侧面均衡,线条顺畅,无涌起、吊缕、横皱、

斜缕等。凡衣服各部位中出现起皱、牵缕、动作不舒坦等毛病,除设计尺寸、缝制工艺存在问题外,主要是摆错样板方向,用错丝缕造成的。要求在排料画样中严格按标准要求进行。

附录二　拼接互借范围要求

服装的各主件和附件、部件,在不影响产品标准、规格、质量要求情况下,可以拼接、互借,但一定要符合国家标准规定。在有潜力可挖的情况下,尽量不拼接为好,有利于保证产品质量,减少缝制工作量。技术标准要求如下。

(1) 衬衫拼接要求。袖子,允许拼角,不大于袖围四分之一;胸围前后身可以互借,但袖窿保持原板不变,按 1/4 胸围计,可借 0.6 cm,但前身最好不借。

(2) 男女单裤拼接要求。男裤的腰拼接缝需在后缝处,女裤拼接缝允许在后腰处一次;裤后裆允许拼角,但长不超过 20 cm,宽不大于 7 cm、不小于 3 cm。

附录三　按照国家标准,主要服装品种经纬纱向技术要求。

1. 衬衫各部位纬斜要求 (见表 3-11)

表 3-11　衬衫各部位纬斜要求

部位名称	原　料　名　称					
	色　织		印　染		素色(纱向)	
	后　身	前　身	后　身	前　身	后　身	袖　子
具体要求	允斜3%	不允许倒翘,顺翘不超3%	允斜3%	不允许倒翘,顺翘不超3%	允斜2%	允斜3%

注:不属于款式设计要求的裁片,各部位一律直料下裁。

2. 男女西服、大衣经、纬纱向技术要求

(1) 前身。经纱以领口宽线为准,不允许倾斜。

(2) 后身。经纱以腰节下背中线为准,西服倾斜不大于 0.5 cm,大衣倾斜不大于 1.0 cm,条格料不允许倾斜。

(3) 袖子。经纱以前袖缝为准,大袖倾斜不大于 1.0 cm,小袖倾斜不大于 1.5 cm。

(4) 领面。纬纱倾斜不大于 0.5 cm,条格料不允许倾斜。

(5) 袋盖。与大身纱向一致,斜料左右对称。

(6) 挂面。以驳头止口处经纱为准,不允许倾斜。

3. 男女西裤经、纬纱向技术要求

(1) 前身。经纱以烫迹线为准,倾斜不大于 1.0 cm,条格料不允许倾斜。

(2) 后身。经纱以烫迹线为准,左右倾斜不大于 1.5 cm,条格料倾斜不大于1.0 cm。

(3) 腰头。经纱倾斜不大于 1.0 cm,条格料倾斜不大于 0.3 cm。

(4) 色织格料纬斜不大于 3%。

(5) 倒顺毛原料,全身顺向一致(长毛原料,全身向下,顺向一致)。

4. 男女儿童单服装纱向要求

(1) 裁片应顺从面料经纱向进行,特殊设计除外。

(2) 斜料裁片倾斜以与经纱成 45°角为准,特殊设计除外。

(3) 色织格料纬斜不大于 3.5%,前身底边不倒翘。

(4) 倒顺绒、毛、阴阳格料,全身顺向一致。

5. 男女单服装纱向要求

(1) 裁片应顺从面料经纱向进行,特殊设计除外。

(2) 色织格料纬斜率不大于 3%,前身不倒翘。

(3) 倒顺绒、格料,全身顺向一致。

(4) 特殊图案的原料以主图为主,全身向上一致。

6. 丝绸服装经纬纱向技术要求

由于品种、款式繁多,长短不一,经纬纱允许倾斜度常以百分比计算。

(1) 丝绸连衣裙经纬纱向要求。

前衣身:经纱,以领开门为准,不允许倾斜。

后衣身:经纱,以背中线为准,不允许倾斜。

袖子:经纱,不允许倾斜。

衣袋(贴袋):经纱,倾斜不大于 5%,条、格料不允许倾斜。

(2) 丝绸男女裤经纬向要求。

前裤片:经纱,不允许倾斜。

后裤片:经纱,素色料,以裤中心线为中心,裤口向侧缝倾斜不大于 5%,向下裆缝线倾斜不大于 3%。

裤腰:经纱,不允许倾斜。

附录四 织物正反面的识别

(1) 平纹织物的正、反面在外观上一般没有差异,因而没有正、反面之分。

(2) 纱织物(如斜纹布、纱卡等)均属于斜纹织物,其正面斜纹的斜路清晰、明显,织物表面上的纹向是"捺(\)"斜;而织物反面则呈平纹织形。

(3) 线织物(如华达呢、单、双面卡其等)也属斜纹织物,正、反面的纹路都比较明显。但正面纹向为"撇(/)"斜,反面纹向则为"捺(\)"斜。毛料和丝绸斜纹织物中,正面"撇斜"和"捺斜"都有,但识别时注意纹路的清晰度,清晰的则为正面。

(4) 缎纹织物一般分为经面缎纹和纬面缎纹两种。经面缎纹,以经纱浮出缎面为正面;纬面缎纹以纬纱浮出缎纹较多的为正面。同时,缎纹织物的正面都有比较平整、紧密的缎纹状,并富有光泽;而反面的织纹则不明显,光泽也较暗。

（5）根据织物的提花、提条花纹来识别织物的正反面。提花织物的正面提出的条纹或各种花纹不但比反面明显，而且线条轮廓清晰，光泽匀净、美观。

（6）一般织物的布边正面比反面平整；布边的反面边沿有向里的卷曲现象，有些织物（如丝、毛织物）的布边上有花纹或文字，正面的花纹或文字比较清晰、光洁；反面则比较模糊。

（7）常见的绒类织物有长毛绒、平绒、灯芯绒、骆驼绒、斜纹绒、彩条绒等，可分为外衣用和内衣用两类。作外衣用的绒类织物，如长毛绒、平绒、灯芯绒、骆驼绒等，一般有绒毛的一面是正面；作内衣用的如斜纹绒、彩条绒、彩格绒等，有绒的一面为反面（朝里贴身）。双面绒的织物，以绒毛比较紧密、丰满、整齐的一面为正面。

（8）按《印染棉布包装和标志》（GB 431）国家标准规定，在每匹或每段原料的反面两端布角 5 cm 以内，加盖圆形出厂印戳，以示原料的反面并表明已经检验过，可作正反面识别标志。

除上述识别法外，还要靠实践中多观察、比较和分析。

附录五　特殊衣料排料画样

1. 倒顺毛、倒顺光衣料排料画样

（1）倒顺毛衣料排料。倒顺毛是指织物表面绒毛有方向性的倒伏。排料分三种情况处理：

① 顺毛排料。对于绒毛较长、倒伏较重的衣料，如顺毛大衣呢、人造毛皮、兔毛呢等，必须顺毛排料画样，以免倒毛排料显露绒毛空隙而影响外观，而且容易聚积灰尘。

② 倒毛排料。对于绒毛较短如灯芯绒织物，为了毛色顺和应采用倒毛（逆毛向上）排料。

③ 组合排料。对一些绒毛倒向不明显或没有明确要求的衣料，为了节约衣料，可以一件倒排、一件顺排进行套排画样。但是，在同一件产品中的各个部件、零件中，不论其绒毛长短和倒顺程度如何，都应与主件的倒顺向一致，而不能有倒有顺。领面的倒顺毛方向，应使成品的领面翻下后与后衣身绒毛的倒向保持一致方向。

（2）倒顺光排料。有一些织物，虽然不是绒毛状的，但由于整理时轧光等关系，有倒顺光，即织物的倒与顺两个方向的光泽不同。一般均采用逆光向上排料以免反光，但不允许在一件（条）或一套服装上有倒光、顺光的排料。

2. 倒顺花衣料的排料画样

服装面料的花型图案基本上分为两大类。一类是没有规则、没有方向性的花型图案，俗称"乱头花""乱花样"。对这种花型衣料画样和素色衣料基本相同。另一种花型图案是有方向性、有规则的排列形式，如倒顺花、阴阳格、团花等图案，要根据花型特点进行画样。

倒顺花是指有显著方向性的花型图案，如人像、山、水、桥、亭、树等不可以

倒置的图案。画样时必须保持图案与人体直立方向一致,应顺向画样,不能一片倒、一片顺,更不能全部倒置画样。

另外有些面料,是专用花型图案,如用于女裙、女衫上。排料不但专用性强,而且排画的位置也是基本固定的。如某些裙料,裙摆一端是专用图案,花型密集,颜色较重,越往上色越浅、花越稀。对于这类衣料,在排料画样时,位置一定要固定。

3. 对条对格衣料

排料画样选用条格原料做服装是为了外形美观,画样时,必须对条对格,任意乱画就会条格杂乱,影响外观。高档服装的对条对格要求更严格,画样时必须做到条路对称、吻合。

(1) 对条。条子衣料多为经向竖条形式,横条很少,画样对条除了左右对称外,主要是横向或斜向结构上的直丝对条;明贴袋或暗袋的袋盖、袋板条与衣身对条;横领面与背领口对条;挂面的拼接对条;裤后袋、前斜插袋与裤身对条;后缝斜线左右对成人字形条纹。

(2) 对格。对格的要求更高,难度更大。不但要求横缝、斜缝上下格子相对外,还要求对横条、对格画样,除左右要求对称外,主要对格的部位是:上衣的左右门襟;前后身的摆缝,后背的背缝;后领与后背;胸侧的袖子与袖窿,大袖与小袖;明贴袋或暗袋的袋盖、袋板条与衣身;裤子的前缝、门襟、侧缝,下裆缝的中裆以下;后袋盖、前斜插袋、横插袋与裤身都要求对格。驳领两片挂面格要对称,左右袋嵌线格对称等等。

由于对条、对格费时、费工、费料,在实际生产中,要根据原料的价格和款式以及客户要求,对高、中、低档产品要求的程度有所区别。一般低档产品可以只对门、里襟、摆缝以及裤子的侧缝、直裆等部位。

(3) 具体对条对格方法

为了避免原料纬斜和条格稀密不匀而影响对条、对格质量,画样时尽可能将需要对格的部件,画在同一纬度。

袖子与大身对格、对条,一般是对横不对直。对横时要准确,计算袖山头吃势,有三种方法:

① 根据前衣身外肩斜,将袖山低 2 cm 与衣身横格相对。

② 将大袖片样板丝缕归直,按前衣片对横相配袖片。

③ 在衣身胸围线以上 2 cm 处画一条线, 然后将这条线与袖深线重叠配大袖片。

(4) 对条对格画样次序。先画出前片(衣片、裤片),再按条格画出后片及其他部位、部件,次序是:以前片摆缝的条格为准,然后画后片;再按前袖窿胸侧条格为准排大袖片,按大袖条格画小袖;领面按背缝找准条、格;贴袋暗袋的袋盖、袋板条以前身的袋位条格为准画排;裤子也是以前片的侧缝及下裆缝的条格为准画出后片及其他部位。

(5) 国家标准中对各种服装主要品种对条、对格技术要求。国家服装标准中对男女衬衫,男女单服,男女毛呢上衣、大衣,男、女毛呢裤等都有明确而严格的对条、对格技术标准要求。综合列表如下,以供排料画样时参考。

① 男女衬衫对条、对格规定

面料有明显条、格在 1 cm 以上者,按表 3-12 规定执行。

表 3-12　男女衬衫对格对条规定　　　　　　　　　单位: cm

部 位 名 称	对格对条规定	备　　注
左右前身	条料顺直、格料对横,互差不大于 0.3	遇格子大小不一致,以前身 1/3 上部为准
袋与前身	条料对条、格料对格,互差不大于 0.3	遇格子大小不一致,以袋前部的中心为准
斜料双袋	左右对称,互差不大于 0.5	以明显条为主(阴阳条例外)
左右领尖	条格对条,互差不大于 0.3	遇有阴阳条格,以明显条格为主
袖头	左右袖头,条格顺直,以直条对称,互差不大于 0.3	以明显条为主
后过肩	条料顺直,两头对比互差不大于 0.4	
长袖	条格顺直,以袖山为准,两袖对称,互差不大于 1.0	3 cm 以下格料不对横,1.5 cm 以下不对条
短袖	条格顺直,以袖口为准,两袖对称,互差不大于 0.5	3 cm 以下格料不对横,1.5 cm 以下不对条

② 男女西服、大衣对条、对格要求

面料有明显条、格在 1.0 cm 以上的,按表 3-13 规定。

面料有明显条、格在 0.5 cm 以上的,手巾袋与前身条料对条,格料对格,互差不大于 0.1 cm。

表 3-13　男女西服、大衣对条、对格要求

序 号	部 位 名 称	对条、对格规定
1	左右前身	条料对条,格料对横,互差不大于 0.3 cm
2	手巾袋与前身	条料对条,格料对格,互差不大于 0.2 cm
3	大袋与前身	条料对条,格料对格,互差不大于 0.3 cm
4	袖与前身	袖肘线以上与前身格料对横,两袖互差不大于 0.5 cm
5	袖缝	袖肘线以下,前后袖缝格料对横,互差不大于 0.3 cm
6	背缝	以上部为准条料对称,格料对横,互差不大于 0.2 cm
7	背缝与后领面	条料对条,互差不大于 0.2 cm
8	领子、驳头	条格料左右对称,互差不大于 0.2 cm
9	摆缝	袖窿以下 10 cm 处,格料对横,互差不大于 0.3 cm
10	袖子	条格顺直,以袖山为准,两袖互差不大于 0.5 cm

注: 特别设计不受此限。

③ 男女西裤对条、对格要求

面料有明显条、格在 1.0 cm 以上的按表 3-14 要求。

表 3-14　男女西裤对条、对格要求

部位名称	对条、对格规定
侧缝	侧缝袋口下 10 cm 处格料对横,互差不大于 0.3 cm
前后裆缝	条格对称,格料对横,互差不大于 0.3 cm
袋盖与大身	条料对条,格料对格,互差不大于 0.3 cm

④ 男女单服面料有明显条格在 1 cm 以上者,按表 3-15 规定。

表 3-15　男女单装服装面料对条、对格要求

部位名称	对条对格规定	备注
左右前身	条料顺直,格料对横,互差不大于 0.4 cm	遇格子大小不一致,以衣长三分之一上部为主
袋与前身	条料对条,格料对格,互差不大于 0.4 cm,斜料贴袋左右对称(阴阳条格例外),互差不大于 0.5 cm	遇格子大小不一致,以袋前部为主
左右领尖	条料左右对称,互差不大于 0.4 cm	以明显条格为主
袖　子	条料顺直,格料对横,以袖山为准,两袖对称,互差不大于 1.0 cm	
裤侧缝	中裆线以下对横,互差不大于 0.4 cm	以明显条格为主
裤前中线	条料顺直,允许倾斜不大于 1.0 cm	

4. 对花衣料排料画样

对花是指衣料上的花型图案,经过缝制成为服装后,其明显的主要部位组合处的花型图案,仍要保持一定程度的完整性或呈一定的排列。对花的花型,一般是丝织品上较大的团花。如龙、凤及福、禄、寿字等不可分割的团花图案。对花是我国传统服装的特点之一。

排画对花产品,首先要计算好花型的组合。如前身两片在门襟前要对花,在画样时要画准。对花的主要部位有两前襟、背缝、袖中缝,领后对背中,口袋对衣身等。由于花型图案的大小、距离各不相同,在排料画样时应首先安排好胸部、背部花型图案的位置和间隔。一般要把图案和花型在前门襟及背缝上取中切合以保持花型完整。具体要求:

(1) 花型图案不得颠倒,有文字的按主要文字图案为标准,无文字的按主要花纹、花型为准。

(2) 花型图案倒顺处理,花型有方向性的要全部顺向排画。花型中有倒有顺,但其中文字图案则力求顺向排画。花纹中大部分无明显倒顺,但某一主体花纹、花型不得倒置排画。花纹中有倒有顺或全部无明显倒顺,允许两件套排一倒一顺,但在同一件内不可有倒有顺。

(3) 前身左右两衣片在胸部位置的排花、团花要求对准。

(4) 两袖的排花、团花要对称,前身的排花、团花、散花可以不对。

(5) 团花和散花的排花,只对横排不对直排。

(6) 对花允许误差,排花高低误差不大于 2 cm,团花拼接误差不大于 0.5 cm。

5. 有色差的衣料排料画样

衣料色差有四种情况:

同色号中各匹布料之间的色差;

同匹衣料左、中、右之间的色差(俗称深浅边);

同匹衣料中前后段的色差(俗称头尾色差);

素色衣料的正反面的色差。

后三种色差与服装排料画样关系较大。

有色差衣料排料画样的要求:

(1) 两边色差画样。注意把部件与零部件中需要互相配合的裁片(特别是要缝合的裁片)靠近在一边排料画样。并做好组合搭配标记。

(2) 两端色差画样。画样套排不宜拉得过长。特别是需要组合的裁片各部件尽可能排画在同一纬度上。

(3) 正反面色差的素色料画样。注意认清正面、反面,防止搞错。

(4) 色差所允许的部位。色差,即衣料各部位颜色深浅存在差异的程度,以等级划分,它是和色牢度相关的指标,按有关标准规定分为 1~5 级。等级越小,如 1 级,表示染色的色牢度极差,与合格的颜色相比,色差大,基本上属于废次品。等级越高如 4 级、5 级,则表示染色好,色牢度好,色差就小。

按国家服装标准规定,各类服装各部位允许色差存在的等级如下:

① 男女呢、绒服装。主要表面部位色差不低于 4~5 级,其他部位不低于 4 级。主要部位基本上不允许有色差。

② 衬衫色差规定

a. 领面、过肩、口袋、袖头面与大身色差高于 4 级。

b. 其他部位允许 4 级。

c. 衬布影响色差不低于 3 级。

③ 男女西服、大衣色差规定

袖缝、摆缝色差不低于 4 级,其他表面部位高于 4 级。

④ 男女西裤色差规定

下裆缝、腰头与大身色差不低于 4 级,其他表面部位高于 4 级。

⑤ 男女儿童单服色差规定

a. 领、袋、袋盖、大袖与前身、背缝、开刀缝、裤侧缝 4~5 级;

b. 袖底缝、摆缝、下裆缝等 4 级。

⑥ 男女单服色差规定

a. 领、袋面料与前身、裤侧缝色差高于 4 级。

b. 其他部位 4 级。

⑦ 丝绸服装色差规定

门襟、前身、背缝、袖中缝、贴袋色差在 4 级以上,其余部位 4 级。基本上不允许有色差。

第三节　铺料工艺管理

铺料是按照排料画样图板或漏花板的长度和每一批产品裁剪数量,把衣料一层层地铺在裁剪工作台板上。也是批量裁剪中的一项重要技术工作。

一、铺料前的准备工作

(1) 领取排料画样图板,并把 1:1 的实际操作图和排料画样缩小图进行比较和核对,判断其是否有差误。

(2) 向排料画样操作者领取本批产品所应画样的数量、规格、色号、搭配表和搭配明细分单,进行核查和校对,以便确定铺料方案。

(3) 根据生产任务通知单的规定和要求,向仓库领取必需的全部原辅料。

(4) 对领来的衣料、辅料,首先弄清各档排料画样图的门幅宽窄与衣料门幅的宽窄有无差异;其次初步计算出各匹衣料长度,并选择比较合适的铺料接头处。

二、铺料方式选择

根据衣料的花型图案、条格状况、服装品种、款式和批量大小的不同,铺料方式归纳为四种: 来回对合铺料;单层一个面向铺料;翻身对合铺料;双幅对折铺料。如图 3-4 所示。在实际操作中,有时交替使用,有时只选择其中最适宜的一种方法。

(a) 单向铺料

(b) 来回对合铺料

(c) 翻身对合铺料

图 3-4　铺料方式

(1) 来回对合铺料(俗称双跑皮)。来回对合铺料是指在一层料铺到头后,折回再铺。这种方式不一定每铺一层都要冲断(剪断)。

① 适用范围

——无花纹的素色衣料。

——无规则的花型图案,即倒顺不分的印花和色织衣料。

——裁片和零部件对称的产品。

② 来回对合铺料的优缺点

优点。对称性裁片比较准确,有利于节约原料,采用不冲断铺料可提高工作效率。

缺点。对于两端有色差的衣料,难以避免色差影响;对有倒顺毛、倒顺花的衣料不能采用此法,因为会出现上层顺、下层倒的现象。

(2) 单层一个面向铺料(俗称单跑皮)是指在一层衣料铺到头后冲断、夹牢,将布头拉回起点,再进行第二次铺料。每一层料以正面向下铺为宜,如果浅色料或容易拉毛、起球的衣料,为防止推刀时裁片移位、拉毛而弄脏衣料,可在台板上先铺上一层纸。这种铺料方式与排料画样有关。

① 适用范围

——经向左右是不对称的条子衣料。

——左右不对称的鸳鸯格衣料。

——有倒顺毛衣料。

——服装的左右两边造型不同。

② 单层一个面向铺料的优缺点

优点。对规格、式样不一样的裁片,采用单面画样、铺料,可增加套排的可能性,保证倒顺毛和左右不对称条料不错乱、颠倒。

缺点。由于是单面画样、铺料,左右两片对称部位容易产生误差。

(3) 翻身对合铺料。翻身对合铺料是指一层衣料铺到头后,将衣料冲断翻身铺上。即一层翻身,一层不翻身,两层衣料正面朝里对合铺,使上下每层的绒毛方向、倒顺花图案一致吻合。采用这种方式铺料,主要由衣料上的花型、绒毛所决定。如采取其他方式或者任意铺料就会使同一件产品的裁片有倒有顺。因此这种铺料适用于以下几种特殊需要。

① 适用范围

——左右两片需要对条、对格、对花的产品,用冲断翻身对合铺料,在铺料时上下层对准条、格、花,可使左右两片条、格、花对准。

——有倒顺花图案的衣料或图案中的花型虽然有倒、有顺,但主体花型是不可倒置的衣料。

——有倒顺毛的衣料。

——上下条格不对称的鸳鸯格衣料。

② 翻身对合铺料的优缺点

优点。使产品表面绒毛和倒顺花型图案顺向一致,使对格、对花产品容易对准;使裁片的对称性好,刀眼、钻眼精确度高;方便缝制。对称的两片对合在一起,操作时由上往下按顺序取片,方便而不错片,并便于缝制。

缺点。在铺料时需要剪断翻身铺上,操作较麻烦。

(4) 双幅对折铺料。双幅对折铺料是指布料幅宽在 144~152 cm 之间的毛呢厚料。这种门幅衣料,如果用于裁剪裤子,可以六幅排七条和八幅排九条,一般是把衣料门幅摊开铺料。但在裁男、女上衣时,为了方便画样、推刀,宜于采用把双幅对折正面朝里的铺料方式,尤其最适合于小批量对格衣料的裁剪。

① 适用范围

——用宽幅料裁剪小批量的男、女上衣。

——宽幅料需要对格的产品。

——宽幅料中间有纬斜或门幅两边与中间有色差的衣料。

② 双幅对折铺料的优缺点

优点。使对称的格、条的裁片,其长短、大小对格准确。

缺点。由于门幅相对变换(宽变窄),不易套排画样。

上述四种铺料方式是在一般情况选用。如遇特殊情况,还应采取相应的办法。譬如有些宽幅丝绸衣料的两边色差较明显,宽幅摊开、对折都难以避让色差,有时则采取宽幅剖开成单幅(窄幅)后铺料。各种铺料方式要综合、灵活运用,取长补短,以适应多种衣料要求。

三、铺料层数选择

铺料层数与生产效率成正比,铺料层数越多,同一批裁片的数量也就越多,工作效率也就越高。但层数的多少,受多种条件、因素的制约,否则任意增加层数反而影响裁剪质量,达不到高效、优质的目的。因此铺料层数的选择要考虑以下四个方面的因素和条件。

(1) 要考虑规格搭配。各档规格的数量和搭配比例是铺料层数多少的主要根据,必须按搭配数量,考虑层数的安排。

(2) 要考虑布料的质地、花型。在允许范围内,对质地薄软、结构较松、容易推刀的衣料层数可适当多一些;对质地较紧、较厚、较硬的以及不易铺齐、推刀阻力大、且容易滑动的衣料,要适当减少层数。裁同样数量的产品,如遇衣料两端色差,为了减少色差影响,减少套排件数,铺料层数应适当增加,以补齐套排数量的不足。对格对花产品,如遇格子、花纹、花型不匀时,会减少套排件数,因此铺料也应增加以补齐套排件数数量的不足。

(3) 要考虑推刀技术。铺料层数的多少与推刀操作者的技术有密切关系。如绸料铺料的推刀,技术熟练的操作者可推刀分割 300~400 层,上下层的误差很小,能保证裁片质量;反之,技术较差的操作者推刀分割 200 层,也会出现裁片歪斜不齐的质量问题,增加修片的难度。

(4) 要考虑刀具的功能。目前使用的电剪刀,一般有两种规格:大的电刀刀片长 220 mm,可分割的铺料厚度,最高可达 160 mm;而小型电刀刀片长 170 mm,可分割最高的铺料厚度,只能是 100 mm。

(5) 总结批量裁剪生产实际经验,综合考虑各种因素及条件的制约关系。各种衣料的铺料层数如表 3–16,供参考使用。

表3-16 各种衣料的铺料层数

品种	面料名称	比较适合的铺料层数	品种	面料名称	比较适合的铺料层数
毛呢类	制服呢	50～70	丝绸类	真丝交织绵缎	100～120
	女式呢	60～80		乔其纱	160～180
	麦尔登	50～70		柞丝哗叽	120～130
	毛哗叽	80～100		美丽绸	190～200
	华达呢	80～100		有光纺	190～200
	花呢	80～100		无光纺	190～200
	凡立丁	160～180		羽纱	190～200
	派力司	160～180		人丝织锦缎	120～130
	直贡呢	70～90		人丝风景古香缎	150～160
	马裤呢	70～90		涂层尼丝纺	200～210
	啥味呢	80～100		塔夫绸	180～200
	大衣呢	50～70	棉布化纤类	平布	200～240
	平厚大衣呢	30～40		花布	200～240
	顺毛大衣呢	20～30		漂白布	200～240
	拷花大衣呢	20～40		府绸	200～240
	雪花大衣呢	30～40		绒布	130～140
丝绸类	杭纺	160～180		棉卡	120～140
	杭罗	140～160		劳动布	100～120
	真丝软缎	160～180		灯芯绒中条	80～100
	双绉	180～200		灯芯绒宽条	50～70
	碧绉	140～160		软衬布	80～100
	真丝留香绉	150～160		粗帆布	30～40
	印花真丝斜纹绸	80～200		中粗帆布	50～60
	大华绸	200～210		泡泡纱	80～100
	斜纹绸	180～200		涤卡	120～140
	朝阳格	140～160		中长纤维	120～140
	涤爽绸	140～160		针织涤纶	60～80
	涤条绸	140～160		树脂衬	30～40
	富春纺	220～230		有纺衬	50～60
	欢乐缎	120～130		无纺衬	200～220
	花卉古香缎	160～180			

四、铺料衔接

在铺料过程中,一匹布不一定刚好铺完一层,有时为了节约面料,需在一层布中进行布料的衔接。见图3-5铺料衔接。

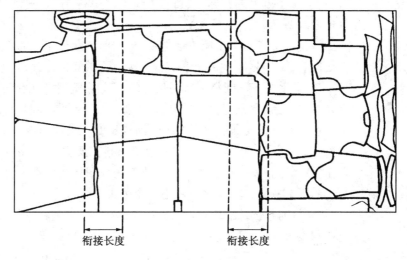

图 3-5 铺料衔接

衔接部位的选择:在裁剪图上,找出衣片交错较少的部位,一般1~2 m找一个衔接部位。

衔接长度的确定:各衣片在衔接部位的交错长度,再加上两头的余量。

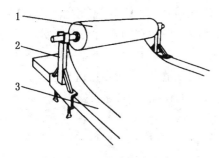

图 3-6 固定式拖铺设备

1. 布卷 2. 支架 3. 裁床

五、铺料设备

(1)人工铺料。手工铺料或采用带轨道的载布滑车辅助铺料。特点:用人较多,劳动强度大,效率低,但适应性较强。

(2)机械式铺料机。利用机械设备夹布、拖布、断布。

特点:减轻工作量,效率高,但铺料技术要求仍由工人来控制。

(3)微电脑控制拖铺系统。具有长度记忆、布卷自动放定、布卷旋转、行走夹紧、对齐布边、切断面料等装置。

特点:减轻工作量,效率高,能实现全自动铺料,但适应性不如人工铺料。

铺料设备如图3-6所示。

六、铺料的技术质量要求

要求做到齐、准、平三个方面。

(1)铺料要做到"四齐",铺料如果不整齐或者拉绷得过紧、过松,都会影响裁片的质量和产品的规格。

① 起手要齐。即在铺第一层衣料时,起手要用直角尺在衣料横头垂直对齐。因为第一层布料的横头是基础,如果不直,以后逐层铺料就随之歪斜。

② 两边的布边一边要齐,叫"齐口"。由于各匹衣料甚至同匹衣料,虽然有统一的幅宽规定,但总是有宽有窄,存在互差。因此铺料时,要求两个边都铺齐,对准是不可能的,只能做到一边铺齐,另一边任其不齐叫"外口",而排料画样的图板层与齐口对齐、对准。

③ 接头要齐。为了减少铺料零头,在保持裁片完整的前提下,可采用匹与匹之间、层与层之间接头连续铺料。接头要做好标记,防止差错。

④ 落手要齐。铺料到需要长度的一端叫"落手",和起手一样都要归正经纬丝缕,用直角尺画直、剪齐、叠齐,以保证整个铺料层四角方正。

(2) 铺料长度和层数要准确。铺料长度比画样图板短了,无法裁剪;比图板长了,超过了公差规定,会严重浪费衣料。层数少了,出误差;层数多了,裁剪重复,造成浪费。铺料长度应以排料画样图板为依据,另加放适当的加放量作铺料误差损耗。放头多少考虑三个因素。

① 与铺料技术熟练程度有关。有经验的熟练铺料操作者,能掌握、了解各种衣料的性能,起手、落手都铺得齐,衣料消耗就少;经验少、熟练程度较差的操作者,起手、落手不准不稳,铺料两头进出或偏斜不齐,两端放头就大,损耗也就较大。有条件的单位可在台板横头安装半自动断布刀具,以保证上下各层剪口长短一致,上下断面垂直。

② 与衣料的自然放缩有关。一般情况下,衣料收缩的多、伸长的少。特别是有些衣料有纬斜,经过拉伸矫斜,铺料后要回缩,因此应稍放长一些或待回缩后再铺料,以免影响裁片质量。其次还得注意铺料与推刀开裁的时间不宜隔得过长,最好是当天铺料当天推刀开裁,隔夜后就可能在铺料两头出现回缩。

③ 与衣料的厚薄、软硬和松紧程度有关。厚而紧的衣料长度回缩小,容易铺料,放头可少;薄而松的原料,容易拉伸、回缩,回缩较大,放头也适当放大。

一般地,毛呢料以及涤卡、府绸等衣料放 1~1.5 cm;绒布、灯芯绒和较薄松的衣料放 1.5~2 cm;矫正过的纬斜衣料可略多放一些。

(3) 铺料要平。指每层衣料都要铺平,如有折痕或皱折,应该投产前烫平、整理好。每层料要持平,但不能拉伸,以防出现有松有紧现象。

在铺丝纺等比较光滑的衣料时,为了防止铺层移动,影响铺料平整,每铺一层都应将铺料用夹子夹牢。

七、铺料的工艺技术要求

(1) 布面要平整;
(2) 布边对齐放正;
(3) 张力均匀并尽量减小;
(4) 方向一致;
(5) 对正条格花纹;

（6）铺料长度要准确，铺料长度=画样长度+两头损耗（2 cm）；

（7）宽幅宽用，窄幅窄用；

（8）层数根据面料性能及裁剪工具情况来确定。

第四节　推刀工艺管理

一、推刀的工艺要求

1. 推刀前要进行复核工作

（1）检查裁剪图（划板）中各裁片的线条是否正确，线与线交汇处是否清晰；

（2）核对裁片数量；

（3）检查铺料是否"四齐一平"，即头尾端、一侧布边齐，布面平整；

（4）检查衣片方向是否一致。

2. 确保裁剪精度

（1）掌握正确的开裁顺序，先横后直、先外后内、先小后大、先零料后整料、逐段开刀逐段取料；

（2）裁剪到拐角处应从两个方向分别进刀，而不应直接拐角，这样才能保证拐角处的精确度；

（3）左手压扶面料用力要柔，不要用力过大或过死，更不要向四周用力，以免使面料各层之间产生错动，造成衣片之间的误差；

（4）裁剪时要保持裁刀的垂直，否则将造成衣片之间的误差；

（5）要保证裁刀始终锋利和清洁，否则裁片边缘会起毛，影响裁片精确度；

（6）按样板上的剪口位置打出剪口。

3. 注意裁刀温度对裁剪质量的影响

4. 做好裁后复核工作

（1）复核衣片与样板各层间的尺寸。

（2）复核刀口质量、定位标记和剪口。

（3）对有条格面料，要再次核对各部位。

5. 裁剪用样板检查

每月对裁剪工序中使用的样板进行全数检查。检查内容包括对照标准样板进行规格检查，数量检查，刀眼检查，翻卷、折破等破损现象的检查等。

裁剪工序要严格执行"五核对、八不裁"制度，严格执行七项技术操作规定，把好裁片质量关。

"五核对"是：

① 核对合同、款式、规格、型号、批号、数量和工艺单；

② 核对原辅料等级、花型、倒顺、正反、数量、门幅；

③ 核对样板数量是否齐全；

④ 核对原、辅料定额和排料图是否齐全；

⑤ 核对铺料层数和要求是否符合技术文件。

"八不裁"是：

① 没有缩率试验数据的不裁；

② 原辅料等级档次不符合要求的不裁；

③ 纬斜超规定的不裁；

④ 样板规格不准确、相关部位不吻合的不裁；

⑤ 色差、疵点、脏残超过标准的不裁；

⑥ 样板不齐全的不裁；

⑦ 定额不齐全、不准确、门幅不符的不裁；

⑧ 技术要求交代不清的不裁。

"严格执行七项技术操作规定"即：

① 严格执行顺毛、顺色、顺光、正面(生产单中有说明例外)规定；

② 严格执行拼接规定；

③ 严格执行互借范围规定；

④ 严格执行色差、疵点范围规定；

⑤ 严格执行工艺要求对格、对条规定；

⑥ 严格执行铺料、排料、裁料、开刀、定位、编号、技术规定；

⑦ 严格按照安全技术操作规程进行裁剪。

二、推刀前的检查工作

推刀前的检查,主要是对画样、铺料等阶段操作进行检查、核对,是批量裁剪质量的决定性环节,把可能产生的质量问题及时解决,否则开裁了,出现的质量问题就难以挽回了。此项工作要特别重视,并确定专职检查人员进行细致的核对。

1. 对排料画样工作的检查

(1) 检查主、附部件及零部件的排料画样数量是否齐全。

(2) 画样线条是否准确、清晰,画面是否整洁,画错的线条是否擦去,更改的线条是否做好标记。

(3) 经、纬、斜丝缕与款式样板规定是否符合。

(4) 对倒顺毛、倒顺花以及对条、对格等衣料是否按规定画准,左右片的主、附部件,零件顺向是否有差错。

(5) 画样的经、纬偏斜和部件的拼接范围,是否与技术标准的规定相符合。

(6) 比例搭配、套裁的明细搭配单与缩小图、任务单是否相符。

(7) 刀眼、钻眼等定位标记是否准确,有没有多点、漏点、错点等现象。

2. 对铺料工作的检查

(1) 检查所铺衣料的货号、色号和各色的搭配与生产任务单规定是否相符。

(2) 检查所铺衣料的门幅、长度、层数、搭配等与任务要求是否相符。

(3) 铺料两端是否铺齐,齐口与外口是否分清,齐口是否铺齐。

三、推刀路线

推刀路线是指在推刀时电剪刀的进刀和出刀的程序、线路。既要考虑提高工效和质量,也要从进刀方便、出刀顺利来设计、选择合理的推刀路线。不能随便乱开刀,开刀路线不佳,就会影响工作效率和质量。

根据实践经验,进出刀路线可归纳为"三先三后"方法。

(1) 先横断、后直断,主要是为了便于推刀。先横断以后,电刀进入画样图板内,便于转手向左右直线条开裁。

(2) 先外口、后里口,即先将外围外口开掉,然后再开里口的裁片,以保证质量。

(3) 先开小、后开大,指先开净零部件。是为了保证零部件质量,因手按着大片,可把零部件开准,俗称有大片作"靠山"才能保证把零部件开好。

(4) 眼刀,一般是开裁时随手把眼刀开好。钻眼,有时在开刀前钻,也可以在开刀以后钻。

四、操作要领

推刀所使用的主要工具是立式电剪刀,利用刀片上下高速运转完成切割。要根据电剪刀结构和操作原理掌握要领。

(1) 推刀前应清除台板,推刀时电刀应垂直贴板滑行,可以有效防止电刀运行时的高低不平,造成刀具倾斜、晃动,造成裁片不准。

(2) 看清刀路,双手配合,要边按(左手按布)、边推(右手推刀),配合默契,快慢适当。按布要用力适当,按轻了,会使裁片移动,按得太重,会使电刀底盘难以推进。开裁质地松软的衣料时,按得过重,还会使布面向手按处涌来,造成裁片形状不准。进刀速度要与刀刃分割衣料的能力相适应,刀刃锐利,推进速度快一些;反之,进刀速度慢一些。

(3) 按照画线,开在中间,要严格按画线开裁。凡是相邻部件合画一条线时,应开在线路中间。如需借线,应借大不借小,因为小部件本身就小,即使线里、线外之差,也会影响小部件的规格,造成没有调节余地。

(4) 弧线转弯,刀口要准,开裁圆顺刀路遇到转弯(特别是弧线)时,电剪刀要把稳,刀口对准转角,转弯时转手要快(但刀口不能移动),弯转准后才能进刀。遇弧形时,刀口对准画线缓慢推进,在线段中间不能停顿,要一气呵成(避免停顿出锯口),才能把裁片开圆顺。

(5) 根据衣料特性,灵活运刀,为了保证推刀质量,如在开裁尼丝纺、丝绸料时,在铺料前,台板上先垫一张纸,以后每铺一层料都要将其夹牢,以防止布边进出滑动、歪斜不齐。由于衣料光滑,裁片容易移动,可以在开裁前,在画样空档处打上若干钻眼,有意使上下层布料黏牢,以保证衣料不移动。

五、推刀质量要求

(1) 刀路要清楚。裁片四周,无论是哪一条边都要开得顺直、圆顺,不能有缺口或锯齿形。

(2) 裁片要准确。裁片的直、横、圆、弧、曲与样板要相符,左右需要对称的裁片,左右要对称。

(3) 裁片要整齐。重叠裁片切割面要垂直,上下层裁片与样板要一样。

(4) 标记要准确。刀眼、钻眼的位置的大小要准确、垂直。

六、裁片质量检查

裁剪工序裁制的衣片须检查下列内容:

(1) 裁片质量。将每批裁片抽出上下两片,对照标准纸样,检查布纹、剪切形状及色差现象,对不合格者须改裁,过小者缩小一号作小规格裁片处理。

(2) 裁片数量。全数检查裁片数量,数量不够则补裁。

(3) 尺码标记。对尺码及对位记号进行检查,不合格者按小规格裁片处理。

第五节   裁剪设备及其原理 ···

一、裁剪设备

常用的有直刀式裁剪机、圆刀式裁剪机、带刀式裁剪机等连续式裁剪机以及冲压机、剪刀、钻孔机等间歇式裁剪机。

1. 直刃型电剪机

裁刀是直尺形的,由电机带动作上下垂直高速运动。最大裁剪厚度是裁刀刀刃长度减去 4 cm。各种直刃刀刃形状,见图 3-7,直刃式电剪机见图 3-8。

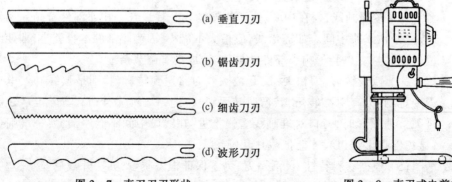

(a) 垂直刀刃

(b) 锯齿刀刃

(c) 细齿刀刃

(d) 波形刀刃

图 3-7 直刃刀刃形状

图 3-8 直刃式电剪机

特点:适用范围广,有"万能裁剪机"之称,是服装生产中的主要裁剪设备。精度不是很高。

图 3-9　圆刃形电剪机

2. 圆刃型电剪机

裁刀是圆盘形的,由电机带动作高速旋转运动,最大裁剪厚度不超过裁刀半径(见图 3-9)。

特点:轻便灵活,适合裁直线,精度高,适用范围小。

3. 台式裁剪机

又称为带刀式裁剪机。利用宽度为 1 cm 左右的带状裁刀,由电机带动作连续循环运动。

特点:连续切割,精度高,适合裁剪小片及凹凸比较多、形状复杂的衣片,但设备不够灵活方便,适用范围较小。

4. 冲压裁剪机

按样板形状做成各种模具,将模具安装在冲压机上,利用冲压机产生的巨大动力,将面料裁剪成所需形状(见图 3-10)。

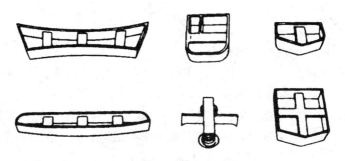

图 3-10　冲压裁剪机模具

特点:精确度高,加工成本较高,适用于款式固定、生产量大的产品。

5. 非机械裁剪

利用光、电、水等能量对面料进行切割。

激光裁剪:精确度高,适用于任何形状,速度快,可与计算机配套构成自动裁剪系统,但设备投资大,不适合耐热性差的面料。见图 3-11 激光裁剪示意图。

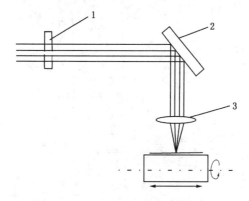

图 3-11　激光裁剪示意图
1. 快门 2. 反射镜 3. 圆筒

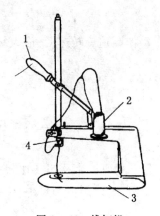

图 3 – 12 线钉机

1. 手柄 2. 线轴 3. 底座 4. 钩针

喷水裁剪：对面料无损伤,精确度高,但设备投资大,需浸湿材料,还需进行废水处理,适用于疏水性纤维。

6. 钻孔机

在某些衣片相互组合的位置,打出定位孔,不适合耐热性差的面料、针织面料。

7. 线钉机

用缝线在面料上作标记,易于操作,安全可靠,但较麻烦,见图 3–12 线钉机。

8. 热切口机

在某些部位边缘,切出整齐、清晰的剪口,比直刀打剪口易控制。

二、裁剪机械原理

1. 基本概念

刀角：裁刀刀刃两侧所夹的角,刀角越小,刀越锋利,但刀角过小,会使刀刃强度减弱。

裁剪角：又叫切割角,裁剪时,面料上被切割的某点沿刀刃所经过的轨迹的夹角。它是影响裁剪效果的最重要的因素。裁剪角越小,裁剪效果越好。

2. 直刀裁剪原理

直刀电剪的运动,是一种水平推动和直刀上下垂直运动的组合运动。

直刀电剪的裁剪效果与裁刀的速度关系很大。当裁刀的垂直速度越高,裁剪角就变得越小,刀就更加锋利,裁剪效果就更好,操作也轻便。见图 3–13 直刀裁剪原理示意图。

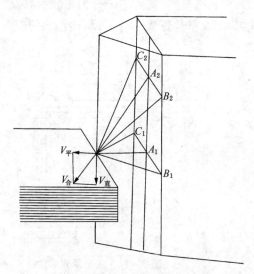

图 3 – 13 直刀裁剪原理示意图

第六节 验片、打号及捆扎

一、验片

(1) 主件、附件、零件裁片的规格、直线、曲线、弧度是否与样板一致；

(2) 裁片的疵点、色差、经纬丝缕是否符合技术标准；

(3) 各定位标记是否准确；

(4) 上下裁片相比，检查各层裁片误差是否超过规定标准；

(5) 检查刀口、定位孔位置是否准确清晰，有无漏裁；

(6) 检查对条对格是否准确；

(7) 检查裁片边缘是否光滑圆顺；

(8) 检查面、里、衬的裁剪数量和准确度及服装尺码大小等。

验片方法根据样板和各种技术标准规定，对裁片上下层、左右片，要逐层核验或重点抽验。

二、打号

若用打号机进行的话，号码一般由七位数字组成，自左至右，最左的两位数字表示裁剪的床数，接下来的两位数字表示规格号，最右面的三位数字表示层数。例如：0430120 则表示此裁片是第 4 床裁剪的，规格是 30 号，是第 120层面料裁出的裁片。若用手工打号的话，则根据情况定。但不管用哪种方式打，都应遵循如下三原则。

(1) 打号的颜色要清晰不浓艳，以防止沾污了面料；

(2) 打号的位置，应在裁片的反面边缘处，按不同品种工艺要求，打在统一规定的位置上；

(3) 打号应确保准确，避免漏打、重复打或错号等现象，打号完毕后要进行复核。

三、捆扎

(1) 要遵循方便生产，提高效率的原则，裁片分组要适中；

(2) 要符合缝制工艺程序；

(3) 主、附部件规格要符合；

(4) 不能错皮、错片、错件；

(5) 包扎整齐、牢固；

(6) 吊好标签。

第七节　计算机在裁剪工程中的应用 ··························

一、利用计算机排料画样

1. 样板形状输入

(1) 数字化仪输入方式　利用数字化仪将样板形状数字化后输入计算机。

(2) 图形数据文件输入方式　将计算机在辅助设计过程及样板缩放过程中所形成的样板图形数据文件直接输入计算机,生成样板规格化数据。

2. 人机交互排料

3. 绘制排料图

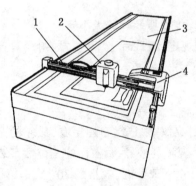

图 3-14　计算机辅助裁剪
1. 刀架 2. 刀座 3. 裁剪台 4. 操作面板

二、自动裁剪

自动裁剪机有机械裁剪、激光裁剪和喷水裁剪等,多采用机械裁剪。

自动裁剪系统多由电脑控制中心和特制的裁床组成。电脑控制中心可以读入排料资料、计算刀架及刀座位移并控制定位,计算刀具下刀角度并控制速度,使裁刀始终垂直,自动控制刀座磨刀间距。裁床主要由裁剪台、刀座、刀架、操作面板和真空吸气装置组成。图 3-14 为计算机辅助裁剪系统,图 3-15 为自动化裁剪生产线示例。

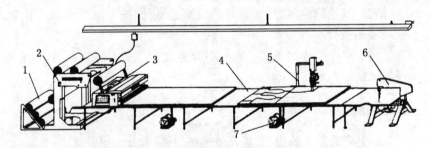

图 3-15　自动化裁剪生产线示例
1. 布卷预储架 2. 自动拖布卷机 3. 自动拖布机 4. 气浮式或真空抽气式台面
5. 自动裁剪机　6. 带式裁剪机　7. 送风机或真空装置

第四章　黏合工艺

利用黏合衬的胶面和面料的反面相覆合,在一定温度、时间、压力下黏合在一起,使服装挺括、不变形。

第一节　黏合衬的种类及作用

一、黏合衬的种类

黏合衬是在机织物、针织物或非织造布上均匀涂上热溶胶制成的。

黏合衬又称为热熔衬布、热压衬布、可黏合衬布、涂层衬布、热封衬布、压烫材料等。

(1) 按涂层材料分,有颗粒撒粉黏合衬、浆点黏合衬、粉点黏合衬、双点黏合衬、薄膜黏合衬。黏合衬的特点及适用范围,见表4-1。

表 4-1　粘合衬的特点及适用范围

涂布方法	主要优点	主要缺点	适用范围
撒粉法	设备简单,投资少,适应性广	涂层不均匀,在相同剥离强度下耗粉量高	适用于低档产品
粉点法	成本低,质量好,规格多	设备投资高,维修操作要求高	用于各种服装的直接黏合衬布,不适于非织造布
浆点法	产品质量好,适应性强	能源消耗及生产成本略高	适于各类衬布,特别是非织造布和针织底布
双点法	质量优,适应性强,加工范围广	成本较高,技术复杂,设备费用高	适于各类衬布,特别是难黏合的衬布
薄膜法	产品质量好	须先制成特别的裂纹薄膜	适用于衬衫黏合衬

(2) 按涂层几何图形分,有规则点状黏合衬、无规则点状黏合衬、计算机点状黏合衬、裂纹薄膜黏合衬、断线状网状黏合衬。

(3) 按底布分,有机织黏合衬、针织黏合衬、非织造布黏合衬。

(4) 按热熔胶种类分,有聚乙烯(PE)黏合衬、聚酰胺(PA)黏合衬、聚酯(PET)黏合衬、聚氯乙烯(PVC)黏合衬、乙烯–醋酸乙烯共聚物(EVA)黏合衬及其皂化物(EVA–L)黏合衬、聚氨酯(PU)黏合衬等。

(5) 按底布预整理分,包括按底布颜色、按底布背面是否起绒、按底布是否经过树脂整理和防水整理、按非织造布加工方式分等。

(6) 按用途分,有外衣用黏合衬、衬衫用黏合衬、裘皮用黏合衬、鞋帽用黏合衬及装饰用黏合衬。

二、黏合衬的作用

1. 使服装获得满意的造型,起到骨架的作用

在不影响面料手感、风格的前提下,借助黏合衬的硬挺和弹性,可使服装平挺或达到预期的造型。

2. 提高服装的抗皱能力和强度

对薄型面料服装在衣领和驳头部位,以及门襟和前身用黏合衬,可使服装平挺而抗折皱。用衬后的服装,因多了一层衬的保护和固定,使面料(特别在省道和接缝处)不致被过度拉伸和磨损,从而使服装更为耐穿。

3. 使服装折边清晰平直而美观,起到修饰、美化的作用

在服装的折边处如止口、袖口及袖口衩、下摆边及下摆衩等处用黏合衬,可使折边线更加笔直而分明,服装更显得美观。

4. 保持服装结构形状和尺寸的稳定,起到保形的作用

剪裁好的衣片中有些形状弯曲、丝缕倾斜的部位,如领窝、袖窿等,在使用黏合衬后,可保证服装结构和尺寸稳定;也有些部位在穿着中易受力拉伸而变形,如袋口、钮门等,用黏合衬后可使其不易拉伸变形,服装形态稳定美观。

5. 使服装厚实并提高服装保暖性

显而易见,服装用黏合衬后增加了厚度,因而提高了服装的保暖性。

6. 改善服装的加工性

薄而柔软的丝绸和单面薄型针织物等,在缝纫过程中,因不易握持而使加工困难,用黏合衬后即可改善缝纫过程中的可握持性。

三、服装衬布的使用类型(表 4-2)

表 4-2　服装衬布的使用类型

类　型	作　用	使　用　部　位
定型衬	使服装具有成形性、保形性	前身、胸衬、领衬、挂面、驳领
补强衬	纠正面料斜拉力,防止面料伸缩	肩部、袖窿、下摆牵条、领衬、钮门、袋口、袋盖、中央衩

（续　表）

类　型	作　　用	使　用　部　位
硬挺衬	使服装挺括、平整,使面料硬挺	领尖、袖口、门襟、腰带、下领
填充衬	填充衣服的某一部分,使之丰满	肩、袖的支撑部分

第二节　黏合衬的质量要求

　　黏合衬的质量直接影响到服装的质量及使用价值。其质的好坏表现在内在质量和外观质量两个方面。其中,内在质量包括剥离强度、水洗和熨烫后的尺寸变化、水洗和干洗后的外观变化等。其外观质量即衬布表面疵点,其中也分局部性疵点和散布性疵点两大类。此外,有时还需掌握其单位面积涂胶量、白度、色牢度、断裂强力、弹性、游离甲醛含量等。具体来说在使用黏合衬时,应注意以下几点:

　　(1) 黏合衬与衣料黏合要牢固,须达到一定的剥离强度,并在洗涤后不脱胶,不起泡。

　　(2) 黏合衬的缩水率要小,黏合和水洗后的尺寸变化应与面料一致,以使服装水洗后外观保持平整。

　　(3) 黏合衬的热缩率要小,经压烫黏合和服装熨烫后,其热缩率应与面料一致,以保证服装的平整和造型。

　　(4) 黏合衬经压烫后应不损伤面料,并保持面料的手感和风格。在面料与衬布的表面须无渗胶现象。

　　(5) 黏合衬的游离甲醛含量要符合质量要求,并有较好的透气性,以保证服装的舒适卫生性。

　　(6) 黏合衬应具有抗老化性能,无吸氯泛黄现象,在黏合衬布的使用和存放期应无老化泛黄现象,且黏合强度保持不变。

　　(7) 黏合衬须有良好的可缝性与剪切性,裁剪时不沾污刀片,衬布切边不黏连,缝纫时机针滑动自如,不沾污堵塞针眼。

　　此外,黏合衬的幅宽、外观疵点等应符合规定要求。

　　国家标准对黏合衬内在质量要求可参见表4-3。

表4-3　国家标准对粘合衬内在质量要求

质　量　项　目		梭织黏合衬 （衬衣用）	梭织黏合衬 （外衣用）	非织造 黏合衬
剥离强度(N)5 cm×10 cm 不低于		18	12	8
干热尺寸变化(%)不低于	经向	-1.0	-1.5	-1.5
	纬向	-1.0	-1.0	-1.5

（续　表）

质　量　项　目			梭织黏合衬（衬衣用）	梭织黏合衬（外衣用）	非织造黏合衬
水洗尺寸变化(%)不低于		经向	-1.5	-2.5	-1.3
		纬向	-1.5	-2.0	-1.0
黏合洗涤后外观变化不低于	水洗	次数	5	2	2
		等级	4	4	4
	干洗	次数	—	5	5
		等级	—	4	4
粘合洗涤后尺寸变化/(%)		经向	-2.0	-3.0	
		纬向	-2.0	-2.5	
断裂强力不低于坯布		经向		60%	60%
		纬向		50%	50%
渗料性能			不渗料	不渗料	不渗料
抗老化性能			抗老化	抗老化	抗老化

第三节　黏合机理及黏合过程 ·····························

一、黏合机理

有关黏合机理,讨论较多的有六种理论:

(1) 机械嵌入结合理论。利用机械力,使热熔胶镶嵌在纤维缝隙间。

(2) 物理吸附结合理论。物理吸附是由分子间的次价力引起的,它与分子间的距离有关。例如聚酰胺衬布与棉织物的黏合强度较聚乙烯衬布高,因为它含有的酰胺基($-HNCO-$)、胺基($-NH_2$)和羧基($-COOH-$)可与纤维素纤维中的羟基($-OH-$)形成氢键。

(3) 扩散结合理论。在一定温度下,因分子或链段运动,热熔胶与纤维分子之间发生相互扩散。

(4) 静电吸引理论。

(5) 化学键结合理论。

(6) 弱界面层理论。

一般认为,物理吸附、机械式嵌合、化学键结合是主要的黏合原因。

二、黏合衬的压烫方式

黏合衬通常黏于面料的反面,但亦有黏于里子反面的。用新产品黏合时,需先做试验,以确定合理的黏合方法。

黏合压烫方式通常有下列几种,见图4-1。

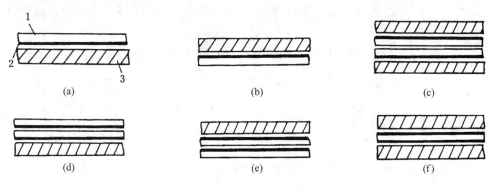

图4-1　黏合压烫方式
1. 黏合衬 2. 胶面 3. 面料

(1) 单层压烫。即一层黏合衬与一层面料衣片黏合。受热熔融的热熔胶,自然地流向热源。因此,这种单层压烫又分两种形式。热源来自下方的黏合机械,宜用黏合衬在上、胶面朝下、面料衣片在下的单层黏合,如图4-1中(a)所示。如黏合机械的热源来自上方,则宜用面料在上、黏合衬在下的单层"反面黏合",如图4-1中(b)所示。

(2) 多层压烫。这种压烫黏合的方法有三种方式:

① 两层正面(无胶面)相对的衬料夹在两层面料之间进行压烫,如图4-1中(c)所示。这种方式一般用于服装的对称部位,并适于热源来自上、下方的黏合机械。这种方式生产效率虽高,但定位处理须十分注意。

② 两层衬料在面料的上或下方进行压烫,如图4-1中(d)、(e)所示。这种压烫方式常用于服装的胸部,以增加服装的强度或刚度。

③ 一层双面涂胶的黏合衬夹在两层面料之间进行一次压烫,如图4-1中(f)所示。

④ 两次黏合压烫。一层衬料用单层压烫黏于面料上后,第二层衬料再压烫于第一层材料上,即两次黏合压烫。这种方式容易操作并且定位准确。但须注意,第二次压烫的温度、压力和时间,应较第一次为低,以防止第一层过度黏合和损伤面料。

三、黏合过程

黏合过程大致分为三个阶段:

(1) 热熔胶受热熔融成黏流体;

(2) 热熔胶浸润材料表面,并渗入内部;

(3) 热熔胶固化在织物之间。

黏合过程见图4-2。

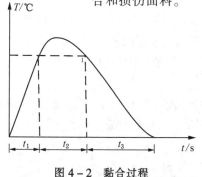

图4-2　黏合过程

① 升温阶段。升温时间 t_1 与压烫机温度、压板压力、织物的厚薄、纤维的导热性能、热熔胶的熔点等因素有关,一般为 5~10 s。

② 渗透阶段。渗透时间 t_2 主要取决于织物的表面状态和热熔胶的熔融黏度,一般为 6~12 s。

③ 固着阶段。固着时间 t_3 与热熔胶的结晶速度有关,一般为 20~30 s。

第四节 黏合设备

一、黏合设备应符合以下条件

(1) 黏合条件可调节,可控制;

(2) 各部位的温度、压力均匀一致;

(3) 操作方便。

二、黏合设备分类

(1) 按工作方式分为间断式和连续式;

(2) 按加压方式分为板式加压和辊筒式加压;

(3) 按热源分为电热、蒸汽、高频波及红外线黏合机;

(4) 按冷却方式分为自然冷却式、风冷却式、水冷却式。

三、黏合工具及设备工作原理

(1) 熨斗。适合小面积低熔点的黏合衬布,适合家庭使用,但黏合强度低,效率低。熨斗升温慢且温度分布不均匀。

(2) 平板式黏合机。分气动台式和液压立式黏合机。其工作原理是将衬布和面料置于两层压板之间,压板用电热丝加热,利用压缩空气或液压使压板紧压。它是一种间歇式加工。

(3) 连续式黏合机。分为直线式、回转式、迷你式及旋转式黏合机。其工作原理是衬布经烘房加热,经轧辊加压,黏合面是运输带,它是一种连续式加工。

(4) 全自动连续黏合机。分预黏合和主黏合两个黏合区,可分段进行压力和温度的调节。压力可连续调节,对温度可按预先设定的程序进行自动控制,难加热难黏合的材料,可在初始阶段迅速升温,热敏性织物可缓慢升温,防止面料和衬布的收缩。

(5) 高频黏合机。其工作原理是利用微波辐射,对面料和衬布加热。其特点是不会渗料;黏合后获得优良手感;多层压烫,生产效率高。

第四节　黏合工艺技术要求 ....

一、黏合工艺参数的影响因素

1. 黏合工艺参数
黏合工艺参数有温度、压力、时间。

2. 影响因素
黏合工艺参数主要取决于衬布上热熔胶的种类和性能，面料及黏合设备也有一定的影响。

热熔胶——熔点、黏度、结晶度；

底布——热传导性；

面料——厚度、导热性、表面状态；

黏合机——工作原理、加热方式。

二、黏合工艺参数的设定

1. 温度
表盘温度——指黏合机的显示温度，常被人们误认为黏合温度，用 T_p 表示；

熔压面温度——指压烫时面料和衬之间的温度，一般比表盘温度低，用 T_f 表示；

胶黏温度——指热熔胶获得最佳黏合效果的温度范围，用 T_a 表示。

黏合温度的设定：

已知　$T_p - T_f = \Delta T$

使　　$T_f = T_a$

则　　$T_p = T_a + \Delta T$

2. 黏合压力
黏合压力的作用：

(1) 使面料和衬布紧贴，便于热传导；

(2) 使热熔胶的黏度降低；

(3) 减小面料和衬之间的间隙，便于镶嵌和扩散。

黏合压力的确定取决于热熔胶的热流动性能。压力太小，黏合强度不够；压力太大，会渗料，还会影响面料手感。

3. 黏合时间
黏合的整个过程分为三个阶段，但固着是在去除压力以后进行的，所以习惯上将黏合时间看作是升温时间 t_1 和渗透时间 t_2 之和。即

$$t = t_1 + t_2$$

升温时间 t_1 与织物的厚度和导热系数有关，与黏合机的传热方式有关，渗透时间 t_2 决定于热熔胶的浸润时间和扩散速率，浸润时间与热熔胶的熔融

黏度、纤维毛细孔的直径、长度有关。

黏合工艺参数的控制：黏合温度、压力可通过控制面板直接控制,由于加热区长度一定,黏合时间是以传送带(连续式黏合机)传送速度来控制。

三、黏合工艺参数与剥离强度的关系

剥离强度是反映黏合牢度的重要指标。

有了高质量的黏合衬,还须选择正确的压烫工艺参数和压烫方法,才能达到预期的黏合效果,以保证服装质量。压烫工艺参数主要是指压烫温度、压力和压烫时间的确定和配合。

(1)压烫温度。即服装面料与黏合衬之间熔压面的温度(热熔胶表面温度),它对黏合效果和质量起着主要作用。压烫温度的大小,取决于面料与热熔胶的种类与性能。

在压烫机上黏合时,压烫过程中的温度控制可分为三个阶段：即升温(温度升至胶的熔点)、黏合(使胶熔融、液化并向面料浸润、渗透)和固着(压力消除和温度降低后使胶固着)。如图4-3所示,黏合衬上的胶随着温度的升高,由固态逐渐熔融为液态,渗入面料后,随温度降低而固着。

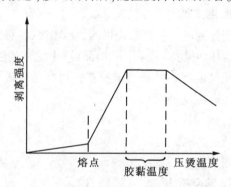

图 4 - 3　压烫温度与剥离强度的关系

剥离强度随压烫温度升高而提高,但是温度越高,热熔胶的流动性越好,熔融黏度越小,不但会产生渗胶现象,也会使剥离强度降低。因此要掌握一个最佳的压烫温度范围,以使剥离强度达到最高值,这个温度范围称胶黏温度。掌握压烫胶黏温度是十分重要的。一般来说,衬布生产厂推荐的压烫温度范围即为胶黏温度。

(2)压烫压力。压烫压力使面料与衬贴紧,便于热的传导和热熔胶的流动及渗透,以提高剥离强度。压烫压力的大小,取决于热熔胶的流动性能。在一定的温度下,压烫压力与剥离强度成正比。但压力达到一定值后,剥离强度便不再提高。因此,压力过大非但对黏合无益,而且会影响服装面料的手感,造成表面极光。

压烫压力与剥离强度的关系可参见图4-4所示。

各种黏合衬在不同服装生产中的黏合压力值(平板式压烫)可参见表4-4所示。

表 4-4　压烫工艺参数

应用范围	黏合衬种类	温度/℃	压力/9.8×10^4 Pa	时间/s	手熨斗压烫	蒸汽复合压烫
男外衣	PA	150~170	0.3~0.5	15~20	差	可
女外衣	PA	140~160	0.3~0.5	15~20	可	可
女衬衣	PA	130~160	0.3~0.5	10~20	可	差
皮衣	PA	100~160	0.1~0.4	6~20	好	好
男、女衬衣	PES	140~160	0.3~0.5	10~16	差	差
男衬衣	HDPE	160~170	3~4.0	10~15	—	—
服装小件	LDPE	120~140	0.6~1.2	10~15	好	可
裘皮服装	EVA	80~120	0.1~0.3	8~12	好	好

（3）压烫时间。如上所述，压烫的过程分为升温、黏合和固着，压烫时间就是升温和黏合的时间。确定压烫工艺前，应先测试所用面料的升温时间，然后确定压烫时间。压烫时间与剥离强度的关系相似于压烫温度与剥离强度的关系。在确定黏合工艺时，压烫时间与温度应结合考虑。压烫时间与剥离强度的关系以及压烫时间与压烫温度的关系如图 4-5 所示。压烫工艺参数可参考表 4-4。

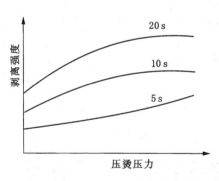

图 4-4　压烫压力与剥离强度的关系

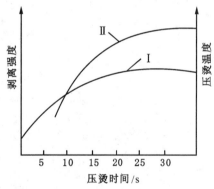

图 4-5　压烫时间与剥离强度的关系以及压烫时间与压烫温度的关系

四、黏合工艺要求

（1）黏合工艺参数要素。黏合工艺参数要素有三个，即：温度、压力、时间，黏合工艺参数主要决定于衬布上热熔胶的种类和性能，黏合工艺参数由衬布生产厂提供。但使用时应对所选用的面料和衬布进行黏合试验，从中选择最佳黏合工艺。

（2）不同的服装材料，所采用的黏合工艺参数是不同的（见衬布生产厂提供的黏合工艺参数）。下面列举几种常用热熔胶压烫黏合工艺参数，见表 4-5。

表4-5　常用热熔胶压烫黏合工艺参数

热熔胶品种	熔点范围/℃	压烫黏合工艺参数		
		温度/℃	压力/9.8×10^4 Pa	时间/s
高密度聚乙烯(HDPE)	125～132	150～175	2～3	15～25
低密度聚乙烯(LDPE)	100～105	130～140	1.5～2	15～20
共聚酰胺(PA)	90～135	110～160	0.3～0.5	12～20
聚乙醋酸乙烯(EVA)	90～120	110～140	0.2～0.4	10～15
共聚酯(PES)	115～125	130～150	0.2～0.5	10～20

五、黏合工艺质量要求

(1) 剥离强度。黏合工艺质量的首要指标。测试试样为 20 cm×5 cm,剥离速度为 10~15 cm/min,在剥离曲线上连续取 5 个极大值与极小值,其平均值即为剥离强度,要求应大于 9.8 N。剥离破坏是四种黏合破坏之一,只有当剥离强度的大小小于面料强度时,才可能测出剥离强度。

(2) 附着面积。要求面料和衬黏合必须要有95%以上的附着面积。

(3) 耐洗性能。要求外衣黏合衬干洗、水洗 5 次以上,不脱胶,不起泡。衬衫黏合衬水洗 10~20 次以上不脱胶,不起泡。

(4) 缩率。黏合衬的缩率应与面料相一致。

水洗缩率:

机织衬　经向<1.5%,纬向<1.5%~2.0%;

非织造衬　经向<1.3%,纬向<1%。

压烫缩率:

机织衬　经纬向<1.0%~1.5%;

非织造衬　经纬向<1.5%。

(5) 外观及手感。无渗胶,手感、弹性、硬挺度好。

(6) 加工要求。具有良好的可缝性和剪切性。

第六节　黏合工艺品质控制 ·····························

一、黏合衬检验

在黏合衬入库时,进行数量、剥离强度、缩水率、热缩率、耐洗性、渗胶性等检验。

二、选择好黏合工艺参数

因为黏合衬、面料、黏合设备都影响黏合工艺参数的确定,所以应在批量生产之前,通过小样试验来确定最佳工艺参数。

三、黏合质量检验

(1) 黏合后面布是否起泡起皱;

(2) 面布表面是否有黏胶溢出;

(3) 面布黏衬后是否产生变色现象;

(4) 面布黏衬后尺寸规格是否产生变化;

(5) 黏衬后面布是否作出所希望的风格。

第五章　缝制工艺

第一节　缝制概述

一、缝制工艺的特点

(1) 缝纫车间内用人最多,用机最多,占地最大,耗时最长。

(2) 缝制各工序联系紧密,劳动协作性强。

(3) 生产组织变化大。

二、缝制基本名词术语

搭门:指上衣前身开门处两片搭在一起的部分,有大襟、底襟之分。

止口:指衣片边缘缝合之处。

撇门:也叫撇胸,指门里襟的止口上端撇去多余的部分。

翘势:根据人体形体的需要,衣片在袖口、底边、后裤腰等处与基本线倾斜的距离。

针码密度:又叫针迹、线迹及针脚密度,通常指 2 cm 内缝针穿刺衣料的针数。

平缝:用锁式线迹缝纫机进行的缝纫加工。

链缝:用链式线迹缝纫机进行的缝纫加工。

包缝:对缝料毛边进行包边,以防缝料纱线脱散的缝纫加工方式。

缭缝:将服装下摆或下口折边处固定缝合的加工。

拼接:由于衣片不够大或结构需要,将衣片连接起来的缝纫加工。

勾缝:两衣片正面相对,在反面先缝合,再翻转的加工方法。常用于领子、袋盖及止口等处。

绱：服装部件之间进行装配缝合的方式。

丝缕：通常指机织物的经纬纱，一般经纱方向叫直丝，纬纱方向叫横丝，其余方向叫斜丝。

里外容：面里缝合时，一般面比里应宽松一些，此加工方式叫里外容。

第二节　缝针与缝线

一、缝针

1.手针

工艺简单，操作方便，多用于制作毛料服装或服装的花边、点缀装饰等。一般手针有十二种型号，常用的有6、7、8、9号，号数越大，针越细、短。应根据不同材料、不同针法和技术要求来选用手针，见表5-1。手针针法主要有打线钉、花绷三角针、撬边、钩针、扎驳头、锁扣眼、钉扣、覆衬、包扣等等。

表5-1　常用手针型号与用途

针号	1	2	3	4	5	6	7	8	9	10	11	12
针粗(mm)	0.96	0.86	0.78	0.78	0.71	0.71	0.61	0.61	0.61	0.56	0.48	0.48
针长(mm)	40.5	38	35	33	32	30	29	27	25	23	22	20
用途	绗缝衣被		帆布		锁眼钉扣			常见薄型材料		丝绸轻薄类		刺绣

2.机针

(1)分类。按针的形状分，有直针、弯针两类。按机型及用途分，有平缝针、绷缝针、包缝针、绣花针、钉扣针、制鞋针等。

(2)结构。以平缝机针为例，机针由针柄、针杆、针尖三部分组成。针尖上的针孔可使缝纫线穿过，并将线带过面料；针杆上的容线槽可减少线与面料的摩擦；针孔附近的曲档可保证梭尖正确无误地钩取线圈。

(3)针尖结构。不同织物选用针尖时应有所不同。

见图5-1双节机针及高速机针。

(4)缝纫机针的性能

① 强度与韧性；

②散热性；

③可缝性。针尖锋利不损伤面料，运线流畅，不断线，线迹清晰、规则、美观。

(5)机针的表示方法

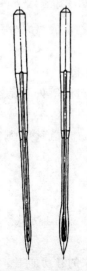

图5-1　双节机针及高速机针

机针的针号常用的有号制、公制和英制三种表示方法,号数越大,针越粗。

号制:一般为 6~16 号,号码本身没有特殊意义;

公制:一般从 55 每隔 5 单位递增,到 100 为止,公制号数乘以 0.01 等于针杆直径(mm);

英制:一般从 022~040,英制号数乘以 0.001 等于针杆实际直径英寸数;

表 5-2 为针的三种不同的表示方法其对应关系。

表 5-2　三种针号相互对应关系

号制	6	7 或 8	9	10	11	12	13	14	15	16
公制	55	60	65	70	75	80	85	90	95	100
英制	022	—	025	027	029	032	034	036	038	040

二、缝纫线

缝纫线是服装的主要辅料之一,除了具有缝合衣片的作用外,也具有一定的装饰效果。

1. 缝纫线的种类

(1) 按原料不同,分为天然纤维缝纫线、合成纤维缝纫线、混纺缝纫线。

(2) 按卷装形式不同,分为木芯线、纸管线、宝塔线、软球线、绞缕线。

2. 缝纫线的性能特征

(1) 棉线。是由普通棉纱或精梳棉纱并捻加工成的,价格低廉,牢度较好,耐 200℃以上的高温,有蜡光线、丝光线和无光线三种。蜡光线经上蜡处理,强度高,适用于硬挺材料或皮革衣物的缝纫;丝光线适用于棉织物缝纫;无光线柔软坚韧,延伸性好。

(2) 丝线。是由多根 2.2~2.4 tex 蚕丝并捻而成的缝纫线,特点是极富光泽,质地柔软,强度、弹性和耐磨性能均高于棉线。丝线多用于呢绒、丝绸、毛皮服装的缝制和锁扣眼,也作刺绣用线。

(3) 涤纶线。大多是以纯涤纶短纤维制成的,也有以涤纶长丝制成的。短纤维线的特点是强度和耐磨性都优于棉线,熨烫温度可达 150℃左右。涤纶长丝线的性能优于短纤维线。一般用于缝制化纤及混纺织物,也可用于皮革制品、毛毯的缝纫。

(4) 锦纶线。是以锦纶长丝制成的,与涤纶线相比,拉伸度大,弹性好,且轻,但耐磨性和耐光性不及涤纶线,吸湿性小,不耐热,熨烫温度不高于120℃,一般用于缝制化纤织物和呢绒织物,锦纶透明线可用于透明服装的缝制。

(5) 维纶线。以维纶丝为原料制成的缝纫线,多为白色,缝制品一般不喷水熨烫。维纶线有宝塔线和球线等卷绕形式,前者用于缝制厚实的帆布制品和包装袋,后者一般用来锁眼和钉扣。

(6) 涤棉线。一般由 65% 涤纶与 35% 棉混纺制成的,优点是强度高,耐磨性比棉线好,缩水率较小,仅为 0.5% 左右,耐热性比涤纶线高,能适应高速缝纫,是目前国内使用最广泛的缝纫线,可用于化纤及其混纺织物和部分天然纤维织物的缝纫。

(7) 绣花线。是指用于刺绣的线,用优质的天然纤维或化学纤维纺纱加工成的,多为绞线和小球线。按其原料组成分类,绣花线可分为丝绣花线、毛绣花线、棉绣花线和腈纶绣花线。

(8) 金银线。有金、银、红、绿、蓝等颜色,是用涤纶线作芯,外镀铝再轧上颜色制成的,光泽明亮,色彩鲜艳,但性脆易断,易氧化褪色,不抗揉搓,不耐水洗,也不适合高速缝纫,一般用于绣制徽章及其他绣品。

3. 缝纫线的选用原则

(1) 缝纫线的颜色、质地应与服装面料相一致。一般缝纫线的颜色应与衣料同色或近色,若为异色,则可产生装饰效果。细的缝纫线一般用在薄型衣料上,粗的缝纫线用在厚型衣料上。

(2) 缝纫线的性能应与衣料匹配。缝纫线的原料应尽可能和衣料一致或同类,以使其性能相当。化纤衣料应选用化纤或其混纺的缝纫线,以保证强度和缩水率等一致。对于特殊功能服装来说,就需用经过特殊处理的缝纫线,比如耐高温、阻燃或防水整理等。

(3) 应根据接缝和线迹种类来选用缝纫线。对于链式线迹需用坚牢度和延伸性较好的缝纫线。现代工业生产中,服装的不同部位都可用专用设备来加工,这样一件成衣可选用好几种缝纫线,如裆缝、肩缝应考虑线的坚牢,锁扣线则应耐磨,撬边线可选用透明线等等。

(4) 与针号相匹配。针号越小,缝纫线越细;反之,则越粗。

(5) 考虑服装质量、洗涤、熨烫及后整理、储存等要求。

4. 性能要求

(1) 具有一定的强度和强度均匀度;

(2) 缝线应光滑且细度均匀;

(3) 捻度适中;

(4) 缝纫线应柔软、富有弹性,无接头和粗节。

第三节 缝迹与缝型 ....

一、几个概念

针迹:缝针穿刺缝料时,在缝料上留下的针眼。

线迹:缝制物上两个相邻针眼间所配置的缝线形式。线迹是由一根或一根以上的缝线采用自链、互链、交织等方式在缝料表面或穿过缝料所形成的一个单元。

缝迹：多个线迹连接成为缝迹。

缝型：一定数量的布片和线迹在缝制中的配置形式。

二、线迹

1. 分类

国际标准化组织于 1979 年 10 月拟定了线迹类型标准(ISO 4915—81(纺织品——线迹的分类和术语))，将服装加工中较常使用的线迹分为六大类，共计 88 种不同类型。我国亦于 1984 年制订了线迹类型的国家标准(GB4515—1984)，等同于 ISO 4915—81(纺织品——线迹的分类和术语)。

(1) 100 类——链式线迹。由一根或一根以上针线自链形成的线迹。其特征是一根缝线的线环穿入缝料后，依次同一个或几个线环自链。编号为 101~105、107、108，共 7 种。如图 5-2 所示。

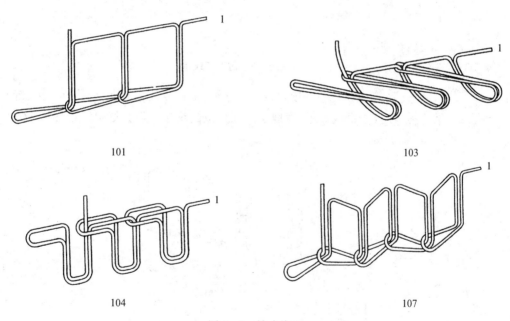

101   103

104   107

图 5-2   链式线迹

(2) 200 类——仿手工线迹。起源于手工缝纫的线迹。其特征是由一根缝线穿过缝料，把缝料固定住。编号为 201、202、204~206、209、211、213~215、217、219、220，共 13 种。如图 5-3 所示。

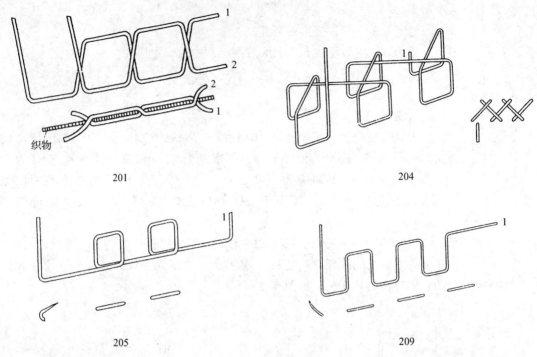

图 5-3 仿手工线迹

（3）300 类——锁式线迹。一组（一根或数根）缝线的线环,穿入缝料后与另一组（一根或数根）缝线交织而形成的线迹。编号从 301~327,共 27 种。如图 5-4 所示。

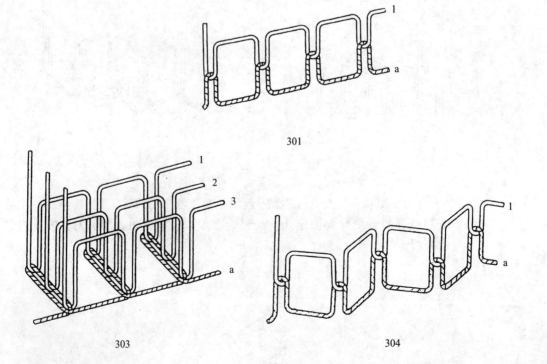

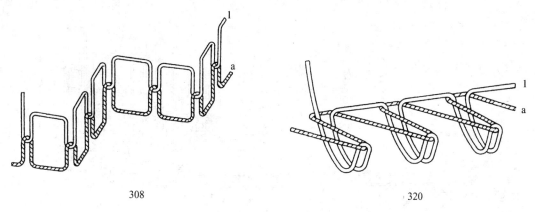

<table>
<tr><td>308</td><td>320</td></tr>
</table>

图 5-4　锁式线迹

（4）400 类——多线链式线迹。一组(一根或数根)缝线的线环,穿入缝料后,与另一组(一根或数根)缝线互链形成的线迹。编号为 401~417,共 17 种。如图 5-5 所示。

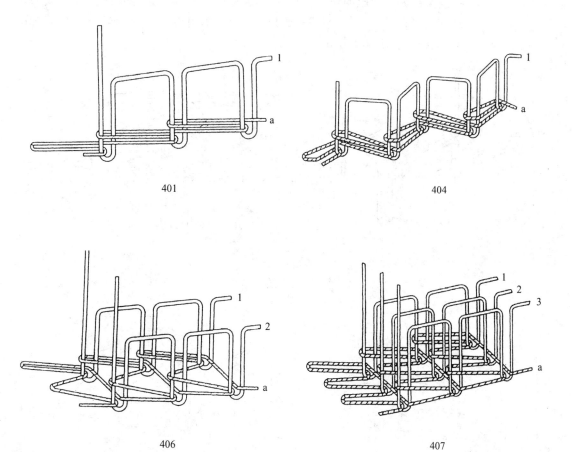

<table>
<tr><td>401</td><td>404</td></tr>
<tr><td>406</td><td>407</td></tr>
</table>

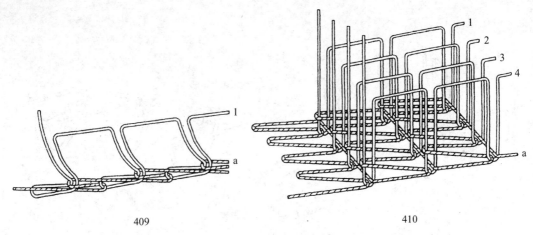

409   410

图 5-5   多线链式线迹

　　(5) 500类——包边链式线迹。一组(一根或数根)或一组以上缝线以自链或互链方式形成的线迹,至少一组缝线的线环包绕缝料边缘,一组缝线的线环穿入缝料以后,与一组或一组以上缝线的线环互链。编号为501~514、521,共15种。如图5-6所示。

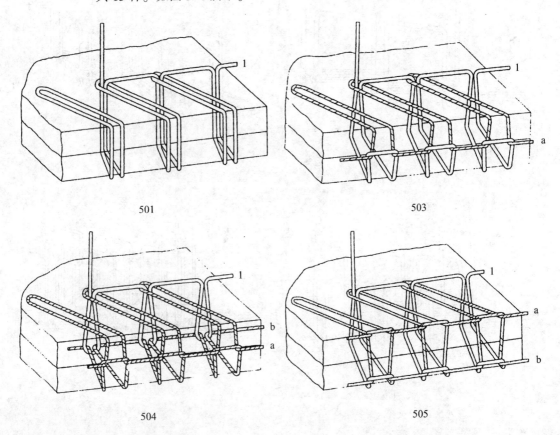

501   503

504   505

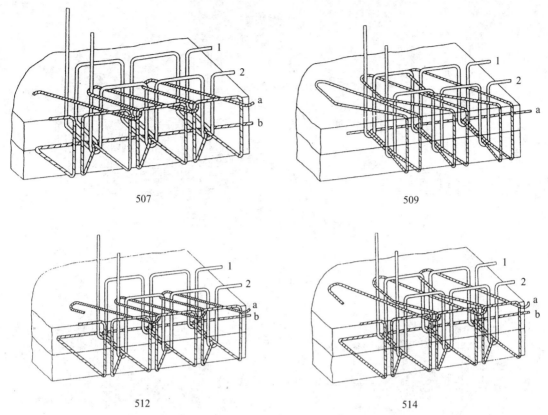

507   509

512   514

图 5-6　包边链式线迹

(6) 600 类——覆盖链式线迹。由两组以上缝线互链,并且其中两组缝线将缝料上、下覆盖的线迹。第一组缝线的线环穿入固定于缝料表面的第三组缝线的线环后,再穿入缝料与第二组缝线的线环在缝料底面互链。但 601 号线迹例外,它只用两组缝线。第三组缝线的功能是由第一组缝线中的一根缝线来完成。编号 601~609 共 9 种。如图 5-7 所示。

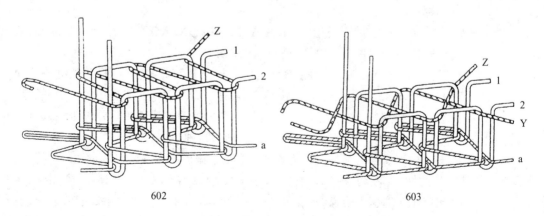

602   603

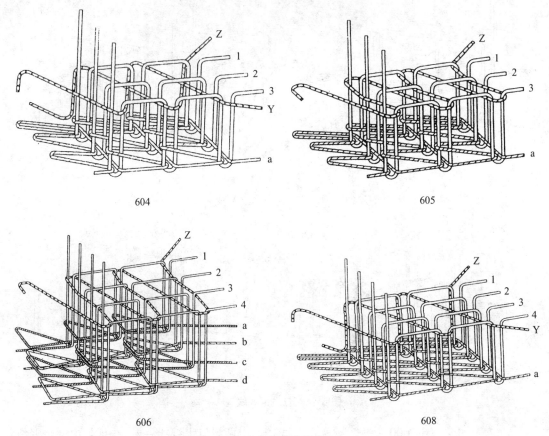

图 5-7　覆盖链式线迹

2. 国内常用线迹的性能与用途

(1) 链式线迹。由一根或两根缝线串套连接而成。特点：① 拉伸性好；② 生产效率高；③ 单线链缝易脱散。用途：缝制有弹性的织物和受拉伸较多的部位。

单线链缝用于面粉袋、水泥袋等,双线链式人字线迹用于装饰部位,双线链式撬边线迹用于下摆边、裤口边的撬边。

(2) 锁式线迹。由两根缝线在缝料中交叉而成。特点：① 一般缝迹两面有相同外观；② 弹性小；③ 缝迹整齐。用途：直线型锁式线迹用于领子、门襟、口袋、商标等要求平整不易变形的部位,曲折型锁式线迹用于针织服装或装饰衣边用,撬边锁式线迹用于裤口边、上衣底边、袖口边等。

(3) 包缝线迹。一根或多根缝线相互循环串套在缝制物的边缘。特点：① 弹性好；② 防脱散、防卷边；③ 强度大；④ 复合线迹提高生产效率。用途：单线包缝用于缝毯子边缘,两线包缝、三线包缝用于衣片包边,四线包缝用于外衣合缝和内衣受摩擦较强烈的部位,五线、六线包缝多用于外衣或补整内衣的缝制。

(4) 绷缝线迹。两根以上针线和一根弯钩线互相串套而成。一般还另加一至两根装饰线。特点：① 强力大,拉伸性好；② 防脱散；③ 缝迹外观平整、美观。用途：用于针织服装滚领、滚边、折边、绷缝、拼接缝、饰边等。

3. 缝型

按国际标准 ISO4916,缝型标号有五位阿拉伯数字组成。第一位表示分类,第二位、第三位表示布片排列状态,第四位、第五位表示缝针穿刺部位和形态。

缝型共分为 8 大类,见图 5-8 缝型分类图示。

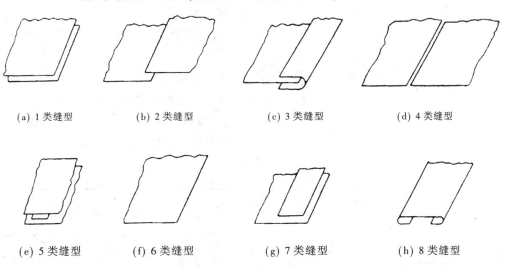

(a) 1 类缝型	(b) 2 类缝型	(c) 3 类缝型	(d) 4 类缝型
(e) 5 类缝型	(f) 6 类缝型	(g) 7 类缝型	(h) 8 类缝型

图 5-8　缝型分类图示

分类：按形成缝纫形式的线迹形式和缝料的最少层数，缝纫形式分为 8 类。缝料可分为"有边限"的或"无边限"的。

(1) 第 1 类

本类缝纫形式至少要由两层缝料来形成。而且两层缝料的一条边限在同侧,任何组成类似其两者之一的缝料或在两侧都有边限的都属此类。

(2) 第 2 类

本类缝纫形式至少要由两层缝料来形成。这两层缝料各有一条边限,其中一层的一条边限在一侧,另一层的在另一侧。两层缝料不在一个平面上,边限对向相互重叠。任何组成类似两者之一的缝料或者两侧都有边限的都属此类。

(3) 第 3 类

本类缝纫形式至少要由两层缝料来形成,一层的一条边限在一侧,另一层两侧都有边限,并骑跨前一层的边缘。任何组成类似其中之一的都属此类。

(4) 第 4 类

本类缝纫形式至少要由两层缝料来形成,一层的一条边限在一侧,另一层的边限在另一侧。两层缝料处在同一平面上相对向。任何缝料类似其中之一的或两侧有边限的都属此类。

(5) 第 5 类

本类缝纫形式至少要由一层缝料来形成,两侧都无边限。任何缝料一侧有边限的或两侧都有边限的都属此类。

(6) 第 6 类

本类缝纫形式仅由一层缝料形成,并只在一侧有边限。

(7) 第 7 类

本类缝纫形式至少由两层缝料形成,其中一层在一侧有边限,其他缝料在两侧都有边限。

(8) 第 8 类

本类缝纫形式至少要由一层缝料形成,缝料两侧都有边限,其他缝料的两侧也有边限。

应注意:① 有边限和无边限的区别及表示;

② 缝型类别图示只表示出构成缝型的最少缝料层;

③ 缝型图示中,粗直线表示布料层,短直线表示针的穿刺;

④ 所有缝型都按最后缝合的情况标出。

图 5-9 为缝型标号示例。

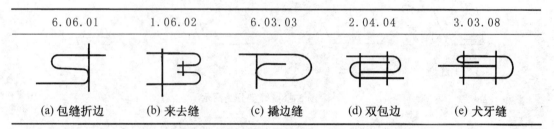

6.06.01	1.06.02	6.03.03	2.04.04	3.03.08
(a) 包缝折边	(b) 来去缝	(c) 撬边缝	(d) 双包边	(e) 犬牙缝

图 5-9　缝型标号示例

4. 影响缝迹牢度的因素

缝迹牢度指服装在穿着过程中,反复拉伸和摩擦,缝迹不被破坏的最大期限。其影响因素有:

① 缝迹的拉伸性。其取决于线迹的结构、缝线的弹性及缝迹密度。

② 缝迹的强度。取决于缝线强度、缝迹密度、线迹成形不良或跳针等疵点。

③ 缝线的耐磨性。服装上拉伸性大的部位,常常因磨断缝线使缝迹脱散,因此,服装厂多用耐磨性好的涤纶线、锦纶线以及涤棉混纺线。

5. 缝口强度

(1) 概念

缝口:服装上衣片与衣片相互结合的部位。

缝口强度:指缝口的牢固程度。一般指垂直于缝口的作用力,针织服装沿缝口方向强度比垂直缝口强度更为重要。

缝合效率:指缝口强度与构成缝口的面料强度之比。一般要求 85% 左右,棉织物控制在 75% 左右。

(2) 缝口破坏形式

① 缝纫线断裂型。缝迹破坏由缝纫线断裂造成。

② 面料破损型。缝迹破坏由面料破损造成。

一般在上衣肩缝、背缝、后袖窿缝、裤子后上裆缝、下裆缝受力较大,缝口易被破坏。

(3) 影响缝口强度的因素

① 缝口形式。如合缝、压缝、来去缝。

② 线迹形式。如 401 号线迹强度大于 301 号线迹强度。

因为其用线量、交织点多少、交织点位置、缝线弯折角度不同。

③ 面料强度。

④ 缝纫线的性能。图 5-10 为缝纫线的各种强力。

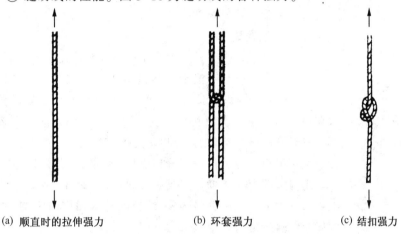

(a) 顺直时的拉伸强力　　　　(b) 环套强力　　　　(c) 结扣强力

图 5-10　缝纫线的各种强力

⑤ 面料在缝制中的损伤。

⑥ 线迹密度。面料断裂型的缝口强度随线迹密度的增加而显著增大,当线迹密度超过一定限度时,缝口强度不再增大,反而逐渐减小。缝纫线断裂型的缝口强度随线迹密度的增加,缝口强度显著增加,几乎呈正比关系。

6. 缝口缩皱

指服装面料经过缝制加工后,沿缝口产生的变形现象。

形成:

(1) 缝制过程中产生;

(2) 穿用中产生;

(3) 由面料性能差异而产生。

测定与评价:定性方法——目测分级法。

　　　　　　　定量方法——以缝口长度变化量作为指标。

采取的措施:

(1) 利用缝制机械的作用减小张力,降低送布牙高度,机针不宜过粗,压脚压力适中,降低车速。

(2) 根据面料性能,合理选择面料和加工工艺。

(3) 提高操作技术或采用自动化程度高的机械。

7. 材料的损伤

包括热损伤和机械损伤。防止热损伤,应减少摩擦,加速散热。防止机械损伤,应在以下场合特别注意:

(1) 缝制硬板面料;

(2) 面料纱线线密度小,密度高;

(3) 缝合层数较多;

(4) 缝合层数突然变化;

(5) 使用机针较粗,针尖锋利;

(6) 缝纫机速度较高;

(7) 局部反复车缝。

2. 缝口质量要求

成衣外观质量很大程度上是由缝口质量决定的,缝纫加工时,对缝口质量应严格要求和控制。一般来说,服装缝口应符合以下几方面要求:

(1) 牢度。缝口应具有一定的牢固度,能承受一定的拉力,以保证服装缝口在穿用过程中不出现破裂、脱纱等现象,特别是活动较多、活动范围较大的部位,如袖窿、裤裆部位,其缝口一定要牢固。

决定缝口牢度的指标有缝口强度、延伸度、耐受牢度及缝线耐磨性。

① 缝口强度。指垂直于线迹方向拉伸,缝口破裂时所承受的最大负荷。影响缝口强度的因素有缝线强度、缝口的种类、面料的性能、线迹种类、线迹收紧程度及线迹密度等。

② 缝口的延伸度。指沿缝口长度方向拉伸,缝口破坏时的最大伸长量。缝口延伸的原因是缝线本身具有一定的延伸度,此外线迹具有延伸度。对于服装经常受到拉伸的部位,如:裤子后裆部,首先要考虑选用弹性较好的线迹种类及缝纫线,否则,缝口的延伸度不够,会造成相应部位的缝口纵向断裂开缝。

③ 缝口耐受牢度。由于服装在穿着时,常受到反复拉伸的力,因此,需测定缝口被反复拉伸时的耐受牢度,它包括两个方面:① 在限定拉伸幅度(3%左右)的情况下,缝口在拉伸过程中出现无剩余变形(完全弹性变形)时的最大负荷或最多拉伸次数;② 在限定拉伸幅度为 5%~7%的情况下,平行或垂直于线迹方向反复拉伸,缝口破损时的拉伸次数。实验结果表明,缝口耐受牢度对评价线迹缝口的牢度是比较能接受的指标。因此,一般通过耐受牢度试验来确定合适的线迹密度,以确保服装穿着时缝口的可靠性,即具有一定的强度和耐受牢度。表 5-3~表 5-8 为线迹密度参考表。

表 5-3 衬衫缝制线迹密度要求

项　　目	针 距 密 度
明线(包括暗线)	3 cm 不少于 12 针
包缝线	3 cm 不少于 12 针
锁眼	1 cm 11～15 针
钉扣	每眼不低于 6 根线

表5-4 男女西服、大衣缝制线迹密度要求

序 号	项 目		针距密度	备 注
1	明线		3 cm14～17 针	包括暗线
2	三线包缝		3 cm 不低于 9 针	
3	手工针		3 cm 不低于 7 针	肩缝、袖窿、领子不低于 9 针
4	手拱止口		3 cm 不低于 5 针	
5	三角针		3 cm 不低于 5 针	以单面计算
6	锁眼	细线	1 cm12～14 针	机锁眼
		粗线	1 cm 不低于 9 针	手工锁眼
7	钉扣	细线	每眼 8 根线	缠脚线高度与止口厚度相适应
		粗线	每眼 4 根线	

表5-5 风衣缝制线迹密度要求

序 号	项 目		针距密度	备 注
1	明暗线		3 cm12～14 针	特殊需要除外
2	三线包缝		3 cm 不低于 11 针	—
3	手工针		3 cm 不低于 7 针	肩缝、袖窿、领子不低于 9 针
4	三角针		3 cm 不低于 4 针	以单面计算
5	锁眼	细线	1 cm 不低于 10 针	机锁眼
		粗线	1 cm 不低于 8 针	手工锁眼
6	钉扣	细线	每眼 8 根线	缠脚线高度与止口厚度相适应
		粗线	每眼 4 根线	

表5-6 棉服装缝制线迹密度要求

序 号	项 目		针距密度
1	明线,暗线		3 cm 不低于 12 针
2	包缝线		3 cm 不低于 9 针
3	绗线		3 cm 不低于 9 针
4	锁眼		1 cm 不低于 14 针
5	钉扣	细线	每眼 8 根线
		粗线	每眼 4 根线

表5-7 男女儿童单服缝制线迹密度要求

序 号	项 目		针距密度
1	明线,暗线		3 cm 13～17 针
2	三线包缝		3 cm 8～10 针
3	五线包缝		3 cm 12～15 针
4	锁眼	细 线	1 cm 12～14 针
		粗 线	1 cm 8～10 针
5	钉 扣	细 线	每眼不低于 8 根线
		粗 线	每眼不低于 4 根线

表5-8 牛仔服缝制线迹密度要求

序 号	项 目	针距密度
1	明线	3 cm 不少于 8 针
2	三线包缝	3 cm 不少于 9 针
3	五线包缝	3 cm 不少于 11 针
4	机器圆头锁眼	1 cm 6 针

注:同一件服装中,同项目针距密度应一致。

(1) 缝线的耐磨性。即缝线不断被摩擦,在发生断裂时的摩擦次数。服装在穿着时,缝口要受到皮肤或其他服装及外部物件的摩擦,特别是拉伸大的部位。实际穿用表明缝口开裂往往是因为缝线被磨断而发生线迹脱散,因此,缝线的耐磨性对缝口的牢度影响较大。选用缝线时需用耐磨性较高的缝线。

(2) 舒适性。即要求缝口在人体穿用时,应比较柔软、自然、舒适。特别是内衣和夏季服装的缝口一定要保证舒适,不能太厚、太硬。对于不同场合与用途的服装,要选择合适的缝口,如来去缝只能用于软薄面料;较厚面料应在保证缝口牢度的前提下,尽量减少布边的折叠。

(3) 对位。对于一些有图案或条格的衣片,缝合时应注意缝口处对格对条。

(4) 美观。缝口应具有良好的外观,不能出现皱缩、歪扭、露边、不齐等现象。

(5) 线迹密度及线迹收紧程度。

① 缝口处的线迹密度按照技术要求执行;

② 线迹收紧程度可用手拉法检测,垂直于缝口方向施加适当的拉力,应看不到线迹的内线;沿缝口纵向拉伸,线迹不应断裂。

9. 缝线耗用量计算

(1) 意义

① 便于成本核算；

② 便于加强生产管理的计划性和科学性；

③ 便于质量管理。

(2) 计算方法

① 实测估算法。进行实际缝纫，测单位长度所需线量，再由服装缝纫总长度及服装件数，估算用线定额。如比率法，缝线消耗比=缝线消耗长度/车缝面料长度。有缝线定长法和缝迹定长法两种实验方法。

② 经验估算法。根据以往的生产信息资料，考虑现有材料的改变，掌握规律，进行估算。

③ 几何运算法。利用线迹的几何图形，进行几何运算。如公式法。首先将单元线迹假设为规则的几何形状，如平缝线迹有长方形和椭圆形两种基本模式。其次，计算一个单元线迹的用线量。最后推导应用公式。

一般，按长方形计算用线量较椭圆形大，后者更符合实际。当车缝面料较厚、硬时，可用长方形模式。

第四节　缝制设备 ....

一、分类

缝纫机统一分类型号是以两个汉语拼音字母和两个阿拉伯数字表示的。第一个汉语拼音字母表示缝纫机的用途类别，分为家庭用缝纫机、工业用缝纫机、服务性行业用缝纫机，分别用J、G、F表示；第二个汉语拼音字母表示缝纫机的挑线和钩线机构形式和线迹的类型；第一个阿拉伯数字表示相同用途，同一挑线和钩线机构，在机构上有一定的改进；第二个阿拉伯数字表示相同类型、相同机种的第几种形式。

二、缝纫机的基本工作机件

缝纫机由机架、台板和机头组成。缝纫机头有以下基本工作构件：

(1) 针。穿刺面料，引导缝线。

(2) 成缝器(钩线机构)。实现上下线交织。

(3) 收线器(挑线机构)。供应缝线，收紧前一个线迹。

(4) 送布机构。决定送布量的大小及线迹长度。

(5) 压脚构件。将面料紧压于针板上，并与送布牙配合实现送布。

图5-11为缝纫机头示意图。

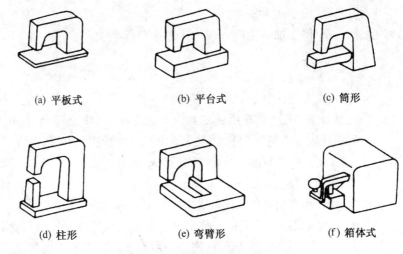

(a) 平板式　　　(b) 平台式　　　(c) 筒形

(d) 柱形　　　(e) 弯臂形　　　(f) 箱体式

图 5-11　缝纫机头示意图

三、缝纫机线迹形成过程

(1) 直针穿刺面料；

(2) 面线通过面料；

(3) 直针线环形成；

(4) 成缝器穿套并钩住已形成的直针线环；

(5) 直针退出面料,挑线杆收紧线迹；

(6) 在送布机构的作用下,将面料推进一个线迹。

第五节　生产类型的划分 ....

不同企业的生产过程是不同的,即使是同种产品,由于批量不同,他们的生产过程也有很大的差别。不同的生产过程需要不同的管理方式。尽管实际生产过程千差万别,但某些生产过程大同小异,可视为一类。因此,有必要也有可能按生产过程的主要特征把各个生产过程划分为少数几种类型,这种形式就是生产类型。它是影响企业生产组织的主要因素,不同企业,其产品结构、生产方法、设备条件、生产规模、专业化程度等方面都有各自的特点。

划分生产类型的方法很多,这里介绍几种生产类型的划分方法。

一、按接受生产任务的方式分

(1) 订货生产方式。由客户决定服装的规格或生产加工的生产合约。其特点是以销定产,不会出现产品卖不出去,但为了保证交货期,有时要加班或配备较多人员,造成生产不正常。管理重点是抓交货期,按期组织生产过程各环节的衔接平衡。

（2）预测生产方式。也称储备生产，由服装厂家决定服装款式、规格数量的生产。其特点是以产定销。管理重点是抓"供、产、销"的平衡。

二、按企业生产产品的数量和品种划分

（1）大量生产。生产的数量很大，而品种只有几种。或在同一个工作地重复同一种工作的频率很高，这类生产就是大量生产。大量生产中工序划分细，每个工作地固定完成一道或少数几道工序，生产条件稳定。其特点是生产效率高、产品质量好、工人劳动熟练程度高、作业计划简单、生产成本低。管理重点是物料供应、设备维修、工人出勤管理和质量控制。

（2）单件生产。这类生产品种繁多，而每种产品仅生产一件或少数几件，只生产一次或不定期的重复，故生产条件最不稳定。其特点是品种繁多，加工过程各不相同；每一品种的生产数量很少，交货期不同；设备大多采用通用设备，加工效率低；对工人操作的技能要求高；作业计划复杂，管理难度大。管理重点是：

① 生产部门要与销售、设计、工艺等部门有效配合，整体运作；

② 确定合理的交货期，缩短生产周期；

③ 提高生产系统的柔性，包括生产能力柔性、加工批量柔性、产品结构柔性、工艺路线柔性；

④ 提高零部件的通用化水平；

⑤ 改进生产过程的组织形式。

（3）成批生产。在计划期内，对较多的品种分成若干批，轮流投入，每批量不算太大，且要重复生产，这类生产过程就是成批生产。成批生产中，每个工作地完成的工序数目比大量生产多，可达几十种，因而专业化程度较大量生产低，生产条件不太稳定。成批生产的生产管理重点是：

① 缩短作业更换时间；

② 确定经济批量；

③ 控制零部件的数量与成品装配数的比例；

④ 逐步改变生产过程组织，实现标准流水生产。

三、按产品流动形式划分

（1）按移动方式分。有手送式、输送带传送式、间歇式等多种。

① 手送式：工序间的移送靠作业人员手来完成。利用工具如流动台、小推车、堆放台、挂衣杆、滑槽、滚筒等。

② 输送方式。工序间之移动，用输送带。

静止作业：输送带停业的作业。

移动作业：输送带运动时仍继续操作。

③ 间歇式。每隔一定时间，一同向下道工序移动。

（2）按移动单位区分。分为一件和批量两种。

① 一件单位：单件系统，如吊挂传输柔性生产系统。

② 批量单位：批量系统，分订货批量和流程批量。流程批量，即在制作过程中由上一工序传到下一工序的数量。

第六节　服装生产过程的组织与管理

服装生产过程是每一个服装企业最基本活动的过程，任何产品的生产，都需要经过一定的生产过程。服装生产过程是指从投料开始，经过一系列的加工，直至成品服装生产出来的全部过程。

一、服装生产过程的构成

企业的生产过程按其对产品的制造所起的作用和地位不同，又可分为生产技术准备过程、基本生产过程、辅助生产过程、生产服务过程和附属生产过程。由于专业化协作水平和技术条件及企业生产的性质和特点不同，生产过程的构成在不同的企业有着很大的差别，而且随着生产的发展而发展。

(1) 生产技术准备过程。在服装产品正式投入生产之前，需要准备各种技术与生产的条件。具体的工作有：产品方案的设计、工艺设计、工艺装备的设计、产品的试制与调整、设备布置、劳动组织等。

(2) 基本生产过程。是指企业的基本产品在企业内进行的那部分生产过程。企业的基本产品是代表企业生产发展方向的产品，通常这类产品的产量或产值相对较大，生产的时间较长。企业是根据基本产品的需要来选择设备、人员、生产组织形式的，因而基本生产过程对企业来说有决定性的意义，是企业生产过程中的主要部分。如服装厂的缝纫、裁剪车间的生产活动过程。

(3) 辅助生产过程。是为基本生产过程提供辅助产品与服务的过程。辅助产品就是基本生产过程需要消耗的产品。此外，基本生产过程中使用的设备厂房等也需要维修，这类劳动也属于辅助生产过程。

(4) 生产服务过程。是为基本生产和辅助生产提供各种服务性活动的过程。如各类物资的供应、运输与保管等。

(5) 附属生产过程。是指利用企业生产基本产品的边角余料、其他资源、技术能力等。

以上五部分，基本生产过程是核心，不可缺少，其余四部分对某个企业来说，不一定全部具备，视企业的规模、专业化协作生产方式及企业的组织结构而定。

二、合理组织生产过程的基本要求

企业的基本任务是为社会提供质量高、价格低廉的产品。实现这个任务只有合理组织生产过程,使生产过程始终处于最佳状态才有可能。如果生产过程的组织水平低达不到基本要求,即使其他管理工作再好,也不可能顺利完成生产过程,更谈不上取得较高的经济效果。因此,合理组织生产过程,充分反映它的基本要求,并以最少的劳动消耗,取得最大的经济效果,具有十分重要的作用和意义。

(1)生产过程的连续性。是指物料处于不停的运动之中,且流程尽可能短,它包括空间上与时间上的连续性。时间上的连续性是指物料在生产过程的各个环节的运动,自始至终处于连续状态,没有或很少有不必要的停歇与等待现象。空间上的连续性要求生产过程各个环节在空间布置上的合理紧凑,使物料的流程尽可能短,没有迂回往返现象。

为了保持生产过程的连续性,首先应当有一个企业和车间内部合理的符合工艺路线次序的总体布置,使生产流程所经过的路线最短,没有迂回往返的现象。第二,应做到车间和车间内部各工序之间在作业安排上紧密衔接,减少非加工等待的时间。第三,提高工艺过程和非工艺过程的机械化和自动化水平,采用先进的组织形式,如流水线和自动线等。第四,作好生产前的准备工作。

(2)生产过程的平行性。是指物料在生产过程中实行平行交叉作业。平行作业是指相同的部件同时在数台相同的设备上加工;交叉作业是指一批部件在上道工序还未加工完时,将已完成的加工部件转到下道工序加工。显然平行交叉作业可以大大缩短产品的生产周期。

实现生产过程平行性的程度,一方面与企业生产组织和管理水平有着密切的关系,必须在生产组织形式和日常作业安排以及在制品流动等问题上充分考虑这一要求;另一方面又和企业客观条件和特点有着直接关系,因此,各服装企业实现生产过程平行性的程度不可能完全相同。但是,从实际出发,采取各种措施,尽可能反映生产过程平行性的要求,提高生产过程组织水平,则是任何一个企业的共同目标和努力方向。

(3)生产过程的比例性。是指生产过程的各个环节要保持适合产品制造的比例关系。它是生产顺利进行的重要条件,如果比例性遭到破坏,则生产过程必将出现"瓶颈"现象。瓶颈现象制约了整个生产过程的产出,造成非瓶颈资源的能力浪费和物料的阻塞,也破坏了生产过程的连续性。

保持生产过程的比例性,在建厂设计阶段时就应考虑这一要求,使工厂投产初期就具备与产品方向和生产规模适应的生产能力。但是,不论任何时期,生产过程各个环节之间的比例,都带有针对性,不是长期固定不变的。随着生产的发展和科学技术的进步,必然会引起产品结构、市场规模,厂内协作关系、工人技术水平以及其他各个方面不断发生新的变化,这就使得生产能力由原来的平衡状态变为不平衡状态。因此,生产管理工作的任务就是及时发现各种因素对生产能力变化的影响,并采取技术上和组织上的措施,把不平衡的生产能力重新加以调整,建立生产能力新的平衡,使生产过程的比例性得到保持。保持生产过程的比例性,不仅需要从总体上对生产能力进行必要的综合平衡工作,更为重要的是如何在日常生产活动中,也能保证它实现。因为生产能力在总体上即使已经建立了正常的比例关系,如果计划不周,管理不善,组织生产不力,也会破坏已有的生产过程的比例性,使生产能力得不到充分利用。

(4) 生产过程的均衡性。是指产品从投料到完工能按计划均衡地进行,能够在相等的时间内完成大体相等或递增的工作量。

保持生产过程的均衡性(节奏性),除取决于基本生产本身需要加强管理之外,在很大程度上又取决于辅助生产服务过程质量和水平。如果没有这些工作与基本生产有效的配合,要保持生产过程的节奏性也是不可能的。因此,作好各方面的组织管理工作,是实现企业生产过程节奏性的必要条件之一。

(5) 生产过程的准时性。生产过程的准时性是指生产过程的各个阶段、各工序都按后续阶段和工序的需要生产。即,在需要的时候,按需要的数量,生产出需要的零部件。准时性将用户和企业紧密联系起来。企业所做的一切都是为了让用户满意,用户需要什么样的产品,企业就生产什么样的产品,需要多少就生产多少,何时需要,就何时提供。准时性是市场经济对生产过程提出的要求。它是企业当前与长远生存和发展的关键。

三、生产过程的空间组织形式

服装企业进行生产活动,实现服装产品的生产过程,不仅要有一定的场地、厂房设备等,而且要把这些物质生产条件按照一定的原则加以组合,划分成若干占有一定空间组织位置的车间、工段、小组等。

为了提高效率,现代化大生产应遵循分工原则,实行专业化生产。各生产单位的设施,应当在空间布局上形成一个有机的整体,这就是生产过程的空间组织。

(1) 厂址的选择。厂址选择是生产运作系统规划和设计的重点内容。厂址选择的原则如下:

① 符合国家政策。我国根据不同的经济地带和经济区域的生产水平,针对各自的资源条件,围绕着全国的经济发展的总体目标,正在逐步确定发挥地区优势的产业结构,各地区政府也在建立并形成有特色的产业结构,因此,在建厂地区选择时必须考虑国家生产力布局的政策。同时,必须考虑国家环境保护政策。

② 满足生产技术的要求。厂址选择要保证建成投产后能达到预定的生产规模,为保证预定的产品质量提供出必要的条件,要保证生产的安全顺利进行。

③ 综合成本最低。在满足生产技术的前提下,应选择成本低的地方作为建厂地点。这里的成本不仅仅包括土地费用、场地整理费用等还包括生产期

各种原材料的运输费用、劳动力成本等。即综合比较由于建厂地点不同而造成的固定资产投资、生产成本等的差异,选择综合成本最低的作为建厂地点。

(2) 工厂的总平面布置。工厂的总平面布置就是根据已选定的厂址和厂区,把工厂的各个组成部分作适当的安排,组成一个符合生产和工作需要的有机整体,以达到方便生产,保证安全,提高经济效益的目的。

(3) 企业内部设施布置的基本类型。企业内部设施布置的基本类型主要有两种,即工艺专业化和对象专业化。

① 工艺专业化又称为工艺原则,是按照工艺特征建立生产单位。按工艺专业化的原则,将相同的设备和同工种工人放到一个厂房或一个区域内。在服装厂大都采用工艺专业化的基本车间的组织形式。全厂是一个大工艺流程生产线,从裁剪车间开始,承担全厂各车间各品种的裁剪,然后分发到各生产车间、班组进行缝制,然后再集中锁订,转到整烫车间整烫,成品车间检验、包装,最后入库。

工艺专业化的优点是:

① 对产品的品种变化的适应能力强;

② 生产系统的可靠性高;

③ 工艺及设备管理方便。

工艺专业化的缺点是:

① 部件在加工过程中运输次数多,运输路线长;

② 协作关系复杂,协调任务重;

③ 只能使用同类设备,生产效率低;

④ 在制品量大,生产周期长。

(2) 对象专业化又称为对象原则,是按照产品建立的生产单位,按对象专业化的原则,将加工某种产品所需要的设备、工艺装备和工人放到一个厂房或工作区域内。

对象专业化的优点是:

① 可减少运输次数,缩短运输路线;

② 协作关系简单,管理工作简化;

③ 可使用专用高效设备和工艺设备;

④ 在制品少,生产周期短。

对象专业化的缺点是:

① 对品种变化的适应性差;

② 生产系统可靠性差;

③ 工艺及设备管理较复杂。

四、生产过程的时间组织

合理组织生产过程,不仅要求生产过程的空间组织能满足要求,而且在时间组织上尽可能使加工对象在各个生产单位之间的运动互相配合和衔接,实现有节奏的连续生产,达到提高劳动效率的目的。部件在加工过程中的移动方式有三种,即顺序移动、平行移动、平行顺序移动。

(1) 顺序移动方式。产品在上道工序全部加工完毕后整批转移到下道工序继续加工,这就是顺序移动方式。采用顺序移动方式,产品的加工周期 $T_{顺}$ 为

$$T_{顺} = n \sum_{i=1}^{m} t_i$$

式中: n ——产品的加工批量;

t_i ——第 i 工序的单件工序时间;

m ——加工的工序数。

例1 已知, $n=4$, $t_1=50$ s, $t_2=25$ s, $t_3=75$ s, $t_4=50$ s,求 $T_{顺}$。

解: $T_{顺}=4 \times (50+25+75+50)=800$ s

从图 5-12 中可以看出:按照顺序移动方式进行生产过程的时间组织,就设备开动、工人操作而言是连贯的,并不存在间断的时间。同时各工序也是按批连续顺次进行的。但是就每一个部件或产品而言,还没有做到立刻向下一道工序转移,连续地进行加工,存在着工序间等待加工,因此生产周期长。

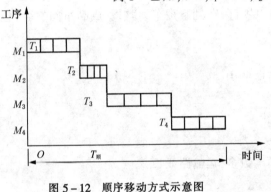

图 5-12 顺序移动方式示意图

(2) 平行移动方式。就是当前道工序加工完成每一个产品之后,立即转移到下一道工序,继续进行加工,也就是工序之间的产品的传递不是整批的,而是以产品为单位分别进行,从而工序与工序之间形成平行作业的状态。平行移动方式的周期用 $T_{平}$ 表示,则生产周期的公式如下

$$T_{平} = \sum_{i=1}^{m} t_i + (n-1) t_{长}$$

式中: $t_{长}$ ——各道工序中最长的工序单件工时。

其余的符号同前。

将例1中的单件工序时间代入,可求得 T 平。

$T_{平}=(50+25+75+50)+(4-1) \times 75=425$ s

从图 5-13 和用同样的数据计算平行移动方式生产周期的结果,可以看出:平行移动方式较顺序移动方式,生产周期大大缩短。后者为 800 s,而前者为 425 s,共缩短了 375 s。但是从图中可以看出,由于前后相邻工序的加工时间不等,当后道工序的加工时间小于前道工序时,就会出现设备和工人操

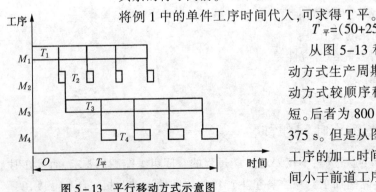

图 5-13 平行移动方式示意图

作停歇的一部分时间,因此不利于设备及工人有效工时的利用。

(3)平行顺序移动方式。平行移动方式虽然缩短了生产周期,但某些工序不能保持连续地进行。顺序移动方式虽可保持工序的连续性,但生产周期延续得比较长。为了综合两者的优点,并排除两者的缺点,在生产过程时间组织方面产生了平行顺序移动方式。

平行顺序移动方式,就是一批产品的每道工序都必须保持既连续,又与其他工序平行地进行作业的一种移动方式。为了达到这一要求,可分两种情况加以考虑。第一种情况,当前道工序的单件工时小于后道工序的单件工时时,每个产品在前道工序加工完之后,可立即向下一道工序传送,即部件按平行移动方式转移。因为后道工序开始加工后,可以保持加工的连续性;第二种情况,当前道工序的单件时间大于后道工序的单件工时时,则要等待前一工序完成的部件数可以保证后道工序能连续加工时,后道工序才开始加工。以 i 工序最后一个零件的完工时间为基准,往前推移 $(n-1) \cdot t_{i+1}$,作为产品在 $i+1$ 工序的开始加工时间。图 5-14 就是这种平行顺序移动方式的示意图。平行顺序移动方式的周期用 $T_{平顺}$ 表示,则有

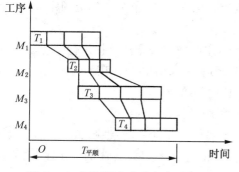

图 5-14 平行顺序移动方式示意图

$$T_{平顺} = n\sum_{i=1}^{m} t_i - (n-1)\sum_{j=1}^{m-1} t_{短j}$$

$$T_{平顺} = n\sum t_i - (n-1)\sum t_{短} = 800 - (4-1)(25+25+50) = 500 \text{ s}$$

式中 $t_{短}$ 表示每相邻两个工序的单件工时进行比较,选取其中较短的一道工序的单件时间。比较次数为 $m-1$ 次。

从计算结果可以看出,平行顺序移动方式的生产周期比平行移动方式的长,但比顺序移动方式的短,它的综合效果还是比较高。

在实际生产中,选择产品的生产的移动方式,需要考虑产品的大小、产品加工用时间的长短、批量的大小及生产单位的专业化形式。一般来讲,产品大宜采用平行移动方式,产品小则宜采用顺序移动或平行顺序移动方式。如表5-9所示。

表5-9 选择产品移动方式考虑的因素

移动方式	产品尺寸	加工时间	批量大小	专业化形式
平行移动方式	大	长	大	对象专业化
平行顺序移动方式	小	长	大	对象专业化
顺序移动方式	小	短	小	工艺专业化

第七节　缝制流水线的生产组织 ·······················

流水生产是将对象原则与平行移动方式结合起来形成的一种先进的生产组织形式。

一、流水生产线的特点

流水生产线是劳动对象按工艺顺序依次通过各个工作地,并以预定的速度继续完成生产过程的一种组织形式。它有如下的特点:

(1) 流水生产中各个工作地专业化程度高,各个工作地固定完成一道或几道工序。

(2) 生产具有明显的节奏性,流水线按照规定的节拍进行生产。所谓的节拍,就是流水线上前后出产两件相同制品之间的时间间隔,因此流水线各道工序的单件加工时间等于节拍或节拍的整倍数。

(3) 工作地按工艺顺序排列,生产过程高度封闭。

(4) 被加工对象按节拍在工序间单向流动,节奏性强,连续性高,流水线上各工序之间的生产能力是平衡、成比例的,即各道工序的工作地(设备)数同各道工序单件加工时间的比例相一致。设流水线上各道工序的工作地(设备)数分别为 $s_1, s_2, s_3, \cdots, s_i, \cdots, s_m$,各工序的工时定额为 $t_1, t_2, t_3, \cdots, t_i, \cdots, t_m$;流水生产线节拍为 r,则

$$\frac{t_1}{s_1} = \frac{t_2}{s_2} = \frac{t_3}{s_3} = \cdots = \frac{t_i}{s_i} = \cdots = \frac{t_m}{s_m} = r$$

(5) 劳动对象如同流水一样地从一个工序转到下一个工序,消除或最大限度地减少劳动对象的耽搁时间和缝纫设备的加工的间隔时间,也就是流水生产具有高度的连续性。

二、组织流水线的条件

流水生产是一种有显著特点的生产组织形式,因此,必须有一定的适应条件。组织流水生产时主要考虑如下条件。

(1) 产品结构与工艺要相对的稳定。这是因为流水线上各工作地高度专业化,广泛采用专用设备和专用工艺设备,不允许产品结构与工艺经常改革,因此产品设计在技术上要先进,能保持较长的寿命周期,同时也要达到基本定型的要求。此外,产品应具有良好的工艺性,能保持稳定地达到质量要求和采用经济合理的工艺方法。

(2) 工艺过程能分解也能合并。这样不存在加工时间过长或过短的工序,以适应工序同期化的需要。

(3) 产品的年产量要足够大。这样可以保证流水线的负荷不低于必要的限度,以便能获得较好的经济效益。

三、流水线的组织设计

各种流水线的设计均包括技术设计与组织设计两个方面。这里只介绍流水线的组织设计。

(1) 确定流水线的节拍。是指连续生产前后两件产品的时间间隔。节拍是流水线最重要的工作参数,它表明流水线生产速度的快慢。节拍的计算公式如下

$$r = \frac{F_e}{N} = \frac{F_0 \eta}{N}$$

式中:r——流水线节拍,s/件;

$\quad F_e$——计划期的有效工作时间,s;

$\quad N$——计划期产品产量,件;

$\quad F_0$——计划期制度工作时间,s;

$\quad \eta$——时间有效利用系数。

产品产量 N 包括计划产量和预计的废品量;系数 η 一般取为 0.9 ~ 0.96,可根据设备修理与调整、工人休息所需时间长短选定具体的数值。

(2) 工序同期化。确定流水线的节拍后,就要根据节拍来调整各道工序,是各道工序的单件时间定额与流水线的节拍相等或成整倍数的关系,这项工作就叫工序同期化。工序同期化是实现按节拍生产的基本条件,也是提高设备负荷率、缩短生产周期的重要方法。

(3) 计算设备需要量和设备的负荷系数。流水线上各道工序设备的需要量,可由下式计算

$$S_i = t_i / r$$

式中:S_i——第 i 道工序经推算所需要设备台数,台;

$\quad t_i$——第 i 道工序的单件时间定额,s/件。

若计算结果 S_i 不是整数,则应该取比 S_i 大的最小整数 Se_i 作为实际采用的设备台数。显然 $Se_i \geqslant S_i$,两者的比值 K_i 为

$$K_i = S_i / Se_i$$

式中:K_i——某道工序上设备的负荷系数。

(4) 计算工人人数。在以手工劳动和使用手工工具为主的流水线上,不需要考虑后备工人,故整条流水线所需要的工人总数为各工序工人人数之和,其工人人数可由下式计算

$$P_i = Se_i \cdot g \cdot W_i$$

式中：P_i——第 i 道工序工人人数；

　　　g——每日工作班次，班；

　　　Se_i——第 i 道工序每一工作地同时工作台班人数，人/（台·班）；

　　　W_i——第 i 道工序每一工作地同时工作机台数。

在以设备为主的流水线上，不仅要考虑后备工人，而且要考虑工人设备看管定额，所以，整条流水线工人的总数为

$$P = (1 + b) \sum_{i=1}^{M} \frac{Se_i \cdot g \cdot w_i}{f_i}$$

式中：P——流水线操作工人的人数；

　　　b——后备工人的百分比例；

　　　f_i——每 i 道工序每个工人的设备看管定额，台/人。

（5）选择流水线的运输方式。流水线上使用的运输装置有许多种，选取什么样的运输装置，要根据流水线的种类，同时要考虑产品的具体情况。

在间断流水线上，采用自由节拍或粗略节拍；在连续流水线上，若工序同期化程度高、产品工艺性良好，其他方面的技术条件也适合按严格的节拍生产，则应当采用强制节拍。

在强制节拍流水线上，为保证严格的生产速度，采用三种传送带：即分配式工作传送带、连续式工作传送带和间歇式工作传送带。分配式工作传送带在流水线上起运送和分配在制品的作用，适合于产量较大的小型产品的生产，允许各工序的加工时间有很小的波动；连续式工作传送带不仅运送产品，而且产品的加工或装配也在传送带上进行，因而适用于产量较大的大型产品的装配，这种传送带严格按节拍运动；间歇式工作传送带的移动速度也是严格按节拍控制的，可在上面进行产品的加工或装配，它适用于工序加工时间较长，但产量不太大、精度要求较高的产品的生产。

自由节拍流水线一般采用连续式运输传送带、平板运输车等。在这种流水线上都允许在工序间储存一定数量的在制品，以调节生产速度的波动。

（6）流水线的平面布置。是指安排各工作地和运输装置的相互位置，它应当是产品的运输路程最短，工人操作方便，又能节省占地面积。

流水线在水平面内的形状有六种，如图5-15所示。工作地可布置在传送带的一侧（单列）或两侧（双列）。

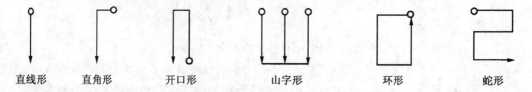

直线形　　直角形　　开口形　　山字形　　环形　　蛇形

图5-15　流水线布置形状示意图

第八节 缝制工艺设计 ....

一、工序

是构成作业分工的单位,它可以由几部分组成,也可以是分工上的最小单位。按照性质不同,工序可分为工艺工序、检验工序、运输工序三类。

二、工序分析的表示方法

工序分析是一种基本的现状分析方法,可明确现有的加工顺序和加工方法,并作为基础资料,进行工序的改进和完善。

工序分析的一般符号见图5-16工序符号图示。

符　号	内　容　说　明
○	平缝作业
◐	特种缝纫机缝纫作业,特种机械作业
◎	手烫,手工作业
◉	机器熨烫作业
↓	搬运作业
□	数量检验
◇	质量检验
▽	裁片,半成品停滞
△	成品停滞

图5-16　工序符号图示

一道工序的表示方法如图5-17。

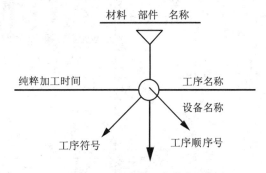

图5-17　一道工序的表示方法

工艺流程图的填写形式及举例见图5-18、5-19、5-20。

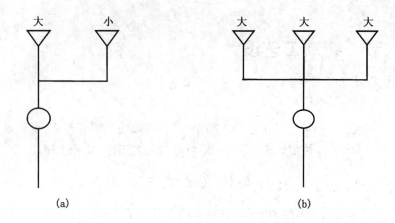

图 5-18　工艺流程图的填写示例

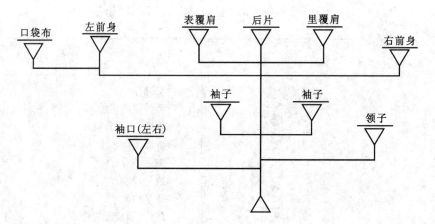

图 5-19　衬衫工序分析表

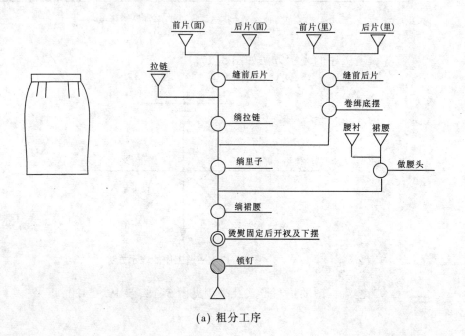

(a) 粗分工序

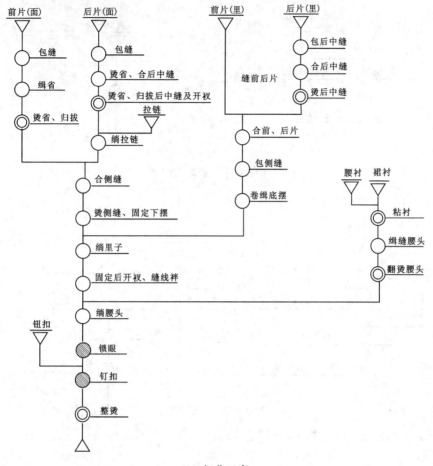

(b) 细分工序

图 5-20 短裙工艺流程图示例

三、工序组织

(1) 划分不可分工序。主要取决于产品结构的复杂性、加工方法及设备;

(2) 确定工序技术等级;

(3) 确定工时。标准工时=纯粹加工时间+浮余时间;

(4) 确定工序的流水生产形式;

(5) 组成工序。将不可分工序按一定要求合并成新的工序。

反映工序的平衡程度指标是编成效率。工序编成效率=间隔时间/隘路工序时间×100%。

四、工序改进

(1) 排除工序,见图 5-21。

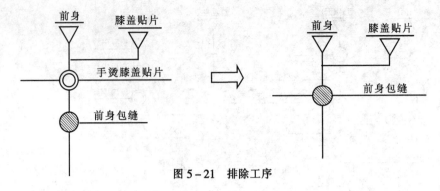

图 5-21　排除工序

(2) 改变顺序,见图 5-22。

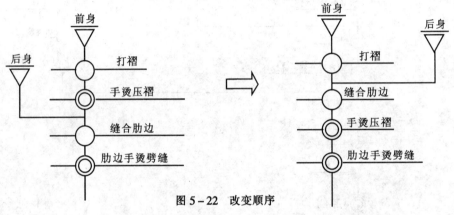

图 5-22　改变顺序

(3) 结合集中,见图 5-23。

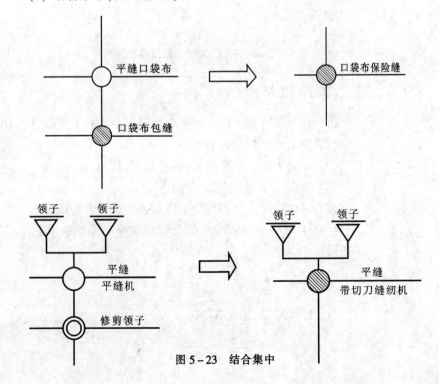

图 5-23　结合集中

(4) 简便化、机械化,见图 5-24。

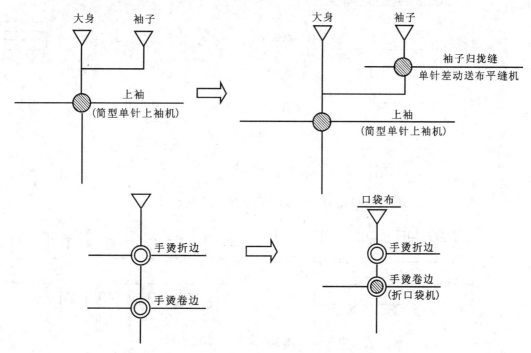

图 5-24　简便化、机械化

第九节　缝制工艺设备配置 ·····························

一、机械设备配置

(1) 按工艺配置。这是一种基本的配置形态,是在各个工序上配置所需的机械的形式。适用于少品种大批量的生产方式。

(2) 按部件配置。按部件划分几个区域,分别按各区域需要配置相应机械。适用于中品种中批量的生产方式。

(3) 按机种配置。同种性质的工序应尽量靠近,配置同种机械设备及同工种人员。适用于多品种小批量的生产方式。

二、机械设备配置原则

(1) 半成品的搬运距离最短;

(2) 区分主支流分别配置;

(3) 保持一定弹性;

(4) 尽可能利用运输工具顺利流通;

(5) 适当的作业空间原则;

(6) 通道出入口顺畅。

三、缝制设备图示,见图 5-25

图 5-25　缝制设备图示

四、缝制工艺设备布局形式

(1) 流水线作业方式。适合多种生产方式,见图 5-26。

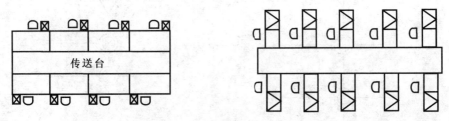

图 5-26　流水线作业方式设备布局

(2) 捆扎作业方式。以十件或一打为一捆,按产品各部位加工顺序进行布局。适合于多品种少批量的生产方式,见图 5-27。

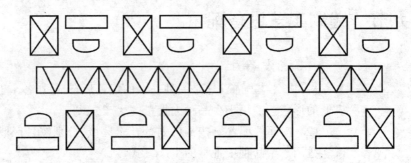

图 5-27　捆扎作业方式设备布局

(3) 同步作业方式。以单件产品为单位,按工序顺序依次加工。适用于少品种多批量的生产方式,见图 5-28。

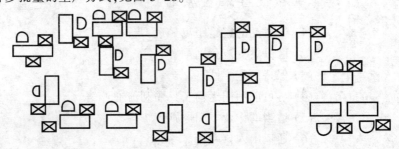

图 5-28　同步作业方式设备布局

（4）捆扎连续作业方式。结合捆扎方式和同步方式,既有较高的生产效率,又具有适应品种变换的能力,见图 5-29。

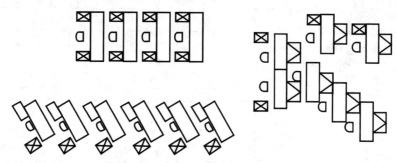

图 5-29　捆扎连续作业方式设备布局

（5）课桌式作业方式。缝制设备如同课桌式布置,并按机种进行大致归类,适用于多品种少批量的生产方式,见图 5-30。

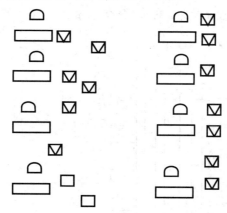

图 5-30　课桌式作业方式设备布局

（6）集团作业方式。可按产品部件分成若干组,分别进行部件加工,最后组合成成品,见图5-31。

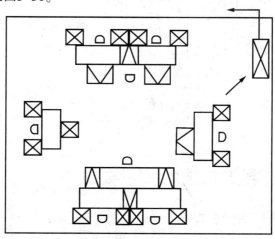

图 5-31　集团作业方式设备布局

(7) 悬吊生产系统。又叫吊挂传输柔性生产系统,可减少半成品存放及搬运,避免衣片积压,污损弄错,提高生产效率,见图5-32。

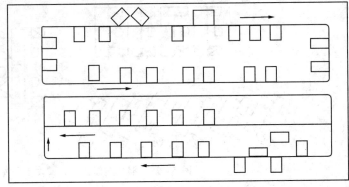

图5-32 悬吊生产系统

(8) 传送带作业方式。缝料搬移依靠传送带来完成,分直线型和回转型两种。适合于少品种多批量或中品种中批量的服装加工,见图5-33,图5-34。

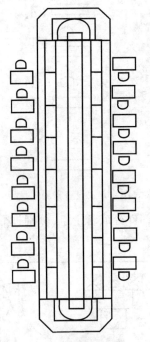

图5-33 回转型传送带作业
方式设备布局

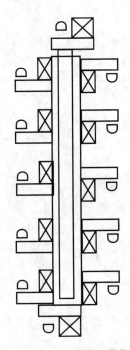

图5-34 直线型传送带作业
方式设备布局

第十节 缝制工艺技术质量要求

一、缝纫工安全技术操作规程

(1) 在开机之前,要严格检查机器各部位是否处于正常状态,检查工具、夹具与量具是否完好。

（2）在操作过程中严禁把手放到传动带中，严禁放入挑线杆和机针下面，确保安全操作。

（3）在换取梭芯、梭套和穿线时，脚必须离开脚踏板。

（4）要注意保持油箱和机身的洁净，油量不得低于最低油标线，要提醒机修工加油时按照规定加油。但不得随意拆卸机器。

（5）在缝制产品过程中，要严格按照工艺技术要求进行操作。针码均匀，大小规范，线路顺直，严格控制公差。在流水操作中，不乱扔、乱发裁片。

（6）各道缝纫工序必须严格监督前道工序的质量问题，若发现质量问题，要及时停止向下道工序传递，并向班长汇报。

（7）离开机器时，一定要注意关机，不可空机等待。

二、针距密度要求

（1）线（包括无明线的暗线），每 3 cm 为 14~17 针（论情况而定）。

（2）三线包缝，每 3 cm 不少于 9 针，五线包缝每 3 cm 不少于 11 针。

（3）手工针，每 3 cm 不少于 7 针，肩缝、袖窿、领子不低于 9 针。

（4）手拱止口，每 3 cm 不少于 5 针。

（5）三角针，每 3 cm 不少于 5 针（以单面计算）。

（6）锁眼：（1）细线，每 1 cm 不少于 12~14 针（机锁眼）；（2）粗线，每 1 cm 不少于 9 针（手工锁眼）。

（7）钉扣：（1）细线每孔 8 根线；（2）粗线每孔 4 根线（缠脚线高度与止口厚度相适应）。

三、缝制工艺技术要求

（1）各部位线路顺直、整齐（起止回针牢固，搭头线长度适宜，无漏针、脱线），底、面线松紧适宜（与面料厚薄、质地相适应），平服美观；

（2）领头平服，不翻翘（有窝势），领子端正，领形要活，领角圆顺，左右对称，不变形，不吐止口；

（3）绱袖圆顺，前后基本一致，吃势均匀；

（4）衣片上不能有针板及送布牙所造成的痕迹；

（5）滚条、压条要平服宽窄一致；

（6）袋布的垫料要折光边或包缝；

（7）袋口两端打结可采用套结机或平缝机回针；

（8）商标位置端正，号型标志正确清晰；

（9）袋位准确，高低大小一致，袋盖无反翘，贴袋应圆顺，缉线宽窄一致，挖袋无毛边；

（10）前门襟止口顺直，左右长短一致，止口略向内吐；

（11）摆缝、袖缝无松紧现象，底边、袖口圆顺，贴边宽窄一致平服；

(12) 对称部位基本一致(目测无明显差异);

(13) 驳头内外均匀平展,左右一致;

(14) 裤子摆平,双腿长短、大小相同,侧缝不能过紧,无吊裆、骑裆现象。线道宽窄一致,外观平整美观。

(15) 锁眼。不偏斜,扣眼与眼位相对应;

(16) 钉扣。收线打结须牢固;

(17) 打结。结实、美观。

第十一节　缝制工艺辅助工具的应用······················

一、意义与作用

安装在缝纫机上,用于协助缝纫作业的特殊零件,称为车缝附件。作用:

(1) 保证产品加工质量;

(2) 提高生产效率。

二、缝制工艺辅助工具

(1) 傍位类车缝附件。其作用是固定衣片车缝位置,使缝边宽窄一致,线迹顺直。

(2) 折叠类车缝附件。其作用是确定衣片的折叠形式,不仅节省加工时间,增加产量,而且提高了产品质量。如底摆卷边附件、双卷边附件。有光边型、毛边型和互折型三种。

(3) 包边类车缝附件。其作用是用布条将一片或多片衣片的缝口包住,一起车缝加工。有光边型和散口型两种缝口形式。

(4) 打褶类车缝附件。其作用是装饰衣片,利用车缝附件在衣片上加工出具有一定间隔及一定形态的褶裥。有碎褶型、横褶型、竖褶型三种。

(5) 暗线类车缝附件。其作用是将衣片或布条按照附件的卷折形式送入缝纫区,车缝后的衣片正面看不出明显的线迹,形成隐蔽线迹的效果。如暗线拉带附件、卷边龙头、双槽压脚等。

第十二节　缝制工艺品质控制······················

一、投产前的检查

1. 生产通知单的检查

包括生产通知单的控制部位及细部规格的尺寸、使用的各种原辅材料、服装各部位缝合形式及布边处理方式等是否正确、合理。

2. 缝制标准的检查

包括各部位缝制顺序、采用的线迹、缝型等的规定;各部位对条、对格、对图案的具体规定;特殊缝制要求的规定。

3. 缝制设备的检查

包括缝制设备的日常清洁去污、维护保养、工艺参数的调节等。

二、缝制材料的检查

包括对面料、里料的检查;对缝纫线和衬布进行检查;对其他辅料如垫肩、拉链、裤钩、钮扣等进行抽样检查。

三、缝制工序质量检查

包括部件的外形是否符合设计要求;缝制后外观是否平整不皱缩;缝迹质量是否符合标准要求。

四、成品缝制质量检查

包括服装成品与各部件外观是否美观、符合设计要求;各控制部位尺寸及细部规格是否符合设计要求;要求对称部位是否对称;缝边是否处理正确;缝迹是否美观、松紧适宜、牢固。

第六章　熨烫工艺与设备

第一节　熨烫的意义与作用

一、熨烫的意义

熨烫,即用熨烫设备将服装成品及半成品进行整理,其实质是对服装的热湿定型处理。

为了使平面的材料做成符合人体曲面的服装,除了采取设计上的技巧,裁剪、缝纫中的拼缝、卡省等技术,还必须用熨烫技术,使服装更加符合人体。

二、熨烫的作用

(1) 烫平褶皱,改善外观。

(2) 使服装外观平整,褶裥及线条挺直。

(3) 塑造立体服装的效果。

三、熨烫的分类

(1) 按生产过程分产前熨烫、中间熨烫和成品熨烫。

(2) 按定型效果保持性分为暂时定型、半永久性定型、永久性定型。一般一件衣服的定型效果包含着暂时性、半永久性、永久性几种成分,只有合理应用时,定型才是更有效果的。

(3) 按定型工具分为手工熨烫和机械熨烫。

第二节　熨烫定型机理

一、熨烫定型的基本机理

通过热湿结合,使纤维大分子之间的作用力减小,分子链段可以相互转动及纤维的变形能力增大,刚度明显降低,施加一定外力可使其变形,使纤维内部的分子链在新的位置上重新建立,冷却和解除外力后,纤维在新的分子排列状态下稳定下来。

二、暂时性定型机理

纺织纤维是结晶态的混合物,当这种结构产生变形,则较大的内应力存在于非结晶区,从而使氢键和结晶区承受应力。当纤维和织物加热到玻璃化温度以上时,分子间氢键断裂,非结晶区内应力消除。冷却时氢键再次形成,并使纤维和织物的结构稳定下来。这种定型仅是暂时的。

三、永久性定型原理

纤维和织物的永久性定型是与纤维中的晶体熔融联系在一起的。在一定高温下,最小而不完整的晶体将熔融,其他大的晶体继续保持,使结晶区的大小和完整性达到一个新状态,如再经受此温度或低于此温度时,这种状态不变;高于此温度时,会形成一种新的结构。

永久性定型的结构变化是不可逆的。

永久性定型不能叠加在暂时性定型之上,但暂时性定型却可以叠加在永久性定型之上。

四、熨烫定型过程

(1) 给湿升温阶段;
(2) 衣片造型阶段;
(3) 衣片造型稳固阶段。

五、热定型加工方式

(1) 熨制。热表面直接在织物表面移动,同时对织物施加一定的压力。
(2) 压制。织物在热表面之间进行加压。
(3) 蒸制。蒸汽喷吹织物表面或穿过织物,可利用喷汽烫台或蒸汽人体模蒸烫机,不加压,可消除折痕,使衣服平整、丰满。用于针织羊毛衫、呢绒服装的后整理。

第三节　熨烫工艺设备

熨烫设备分为手工熨烫设备和机械熨烫设备。

一、手工整烫设备与工具

（1）熨斗；

（2）蒸汽发生炉；

（3）真空烫台；

（4）其他辅助工具。包括烫枕、铁凳、喷水壶、烫垫呢等。

手工熨烫工具见图6-1。

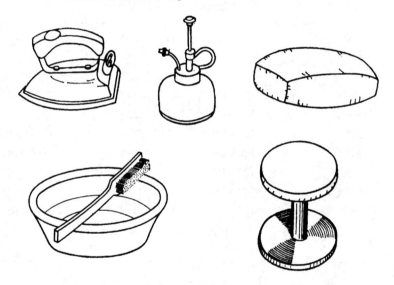

图6-1　手工熨烫工具

二、机械整烫设备

1. 分类

按熨烫对象分为西装熨烫机、衬衫熨烫机、针织服装熨烫机；

按在工艺过程中的作用分为中间工序熨烫机和成品熨烫机；

按操作方式分为手动式熨烫机、全自动熨烫机、半自动熨烫机。

2. 熨烫机的主要机构

（1）机架；

（2）模头操作机构；

（3）烫模；

（4）蒸汽输送系统；

（5）真空抽湿系统；

(6) 控制系统;

(7) 气动系统;

(8) 辅助设备有锅炉、真空泵、空气压缩机。

第四节　熨烫工艺参数的制定

一、手工熨烫的工艺参数选择

1. 手工熨烫的温湿度见表6-1。

表6-1　手工熨烫的温湿度

纤维织物	适当熨烫温度/℃	危险温度/℃	备　　注
棉	180~200	240	
麻	140~200	240	
涤纶	140~160	190	
腈纶	130~150	180	
毛	120~160	210	
丝	120~150	200	柞丝不能喷水
粘胶	120~160	200~230	短纤较长纤熨温高
维纶	120~150	180	不能湿熨或垫湿布
锦纶	120~150	170	
醋酸纤维	120~130	170	不宜在较湿状态下熨烫
丙纶	90~110	130	
氯纶	70~80	90	

2. 手工熨烫的时间、压力

对较薄织物,靠熨斗本身质量施加压力。

对较厚织物服装或多层部位,应适当增加压力和时间。

熨烫时间是一个可变量,它随温度、湿度和压力的变化而变化。

手工熨烫时,要根据不同材料,选择温度、湿度、压力和时间。而且这四个因素是相辅相成的,既互相弥补,又可互相调节。

二、机械熨烫

工艺参数有熨烫温度、熨烫时间、熨烫压力、蒸汽喷射方式、冷却方式等。

(1) 熨烫温度。指蒸汽温度,它与蒸气压力有直接关系。

(2) 熨烫时间。包括喷气、加压、抽湿冷却等整个过程的时间。可以是连续熨烫,也可以是间歇熨烫,这取决于服装面料及部位的厚薄。

因为整烫机单位时间喷汽量一定,所以喷汽时间就决定了总喷汽量。总喷汽量直接影响到热量在服装内能否均匀渗透,同时影响面料的含水率。

(3) 熨烫压力。根据织物情况及熨烫部位的不同而不同,厚大薄小。

手动式熨烫机是通过烫模的闭合,对衣料产生压力,并通过加压微调机构来调节。

自动熨烫机则是通过控制压缩空气的压力来获得熨烫压力的。

加压可保证熨烫效果,但加压不当会引起极光或被压死,失去应有风格。对于毛呢服装,应采用虚汽熨烫。

(4) 蒸汽喷射方式。分为上模喷射和上下模同时喷射两种方式。

一般部位只进行上模喷射就可以了,对于较厚部位及产生较大变形的归拔烫机,则需上下模同时喷射,才能达到理想效果。

(5) 冷却方式的选择。整烫冷却方式分自然冷却和人工冷却两种方式,一般急剧冷却可保证整烫效果迅速成型。冷却时间过长,服装平挺质量越好,但呢绒类服装的手感及光泽都会受影响,应采用人工冷却与自然冷却相结合的方式进行。

三、熨烫工艺操作

1. 西裤的归、推、拔工艺

拔裆(俗称拔脚):也就是归(即缩短)、拔(即伸长)、推(即推向一个方向)。通过熨斗在平面裤片上的运动,利用归、推、拔工艺使裤片成为符合人体曲线的形状。

(1) 前裤片的拔裆。前裤片拔裆比较简单。先将两片裤片重叠。在臀围插袋胖出处和前直裆胖出处,都要归进。在中裆两侧拔开,使侧缝和下裆烫成直线。在膝盖处归拢。脚口略拔开。

(2) 前裤片归拔之后,再将腰口的两裥,按线钉标记用扎线走好,在正面盖上水布喷水烫平,然后,再把下裆缝和侧缝折叠平齐,以前烫迹线的线钉为标记,盖上水布,喷水烫平。一定按归拔要求折烫。如:下裆缝和侧缝烫成直线。烫迹线由上向下,膝盖处略归,烫成直线。

(3) 后裤片的拔裆。后裤片拔裆难度较大,也是将两片裤片重叠。

① 先把后片的下裆缝靠身边摆好。

② 喷水,在中裆部位用力烫拔。在中裆以上要向上烫拔,中裆以下要向下烫拔。小腿处略归。

③ 在烫拔的同时,中裆里口要归拢,归至中裆烫迹线处。

④ 在喷水烫拔中裆时,窿门以下 10 cm 要归拢。

⑤ 窿门的横丝缕处要拔开。

⑥ 后缝中段归拢一些,形成臀部胖出的形状。

⑦ 将侧缝转过来靠身边摆平,继续喷水归拔熨烫。

⑧ 把中裆部位的凹势略拔开,在伸长的同时,里口也要归拢,归至中裆烫迹线。

⑨ 在侧缝臀围胖势处要归直。

⑩ 在中裆以下略归。

(11) 脚口低落处略归。

(12) 把侧缝与下裆缝合拢后,烫迹线喷水归拔烫成曲线形。用左手伸进裤片的臀围处,用力向外推出。再用熨斗在推出的胖势处,来回熨烫,为使熨烫部位不走样,在下裆的窿门处,压上铁凳,这样使臀围烫圆。

(4) 拔裆的质量要求。归拔位置要准确。一定要符合人体,烫干烫挺,切不可烫焦烫黄。

尤其是后裤片,一定要把臀部烫出。臀部以下的烫迹线要归拢,下裆和侧缝两缝重叠烫成直线。归拔后,让其冷却定型。

(5) 整烫。裤子的整个缝制工艺完成后,要进行整烫。

① 将裤子反面的所有分开缝,一律喷水烫平。再翻过来,把裤子正面的前裆与门里襟摆平,下垫布馒头,盖水布,喷水烫平。两边插袋口及腰头、后省缝扣袋盖,都要下垫布馒头,上盖水布,喷水烫平。

② 把下裆与侧缝重叠,前后烫迹缝摆平。先拿开一只裤脚,另一只裤脚翻好外翻边,盖上水布,喷水烫平烫死。

③ 内侧烫平之后,翻过烫外侧,盖水布喷水烫平,再盖干布,烫干烫死。

(6) 整烫质量要求。裤面料上不能有水迹,不能烫黄、烫焦,前后烫迹线要烫死,后臀围按归拔的原理将其向外推平,臀部以下要归拢,裤子摆平时,一定要符合于人体。

2. 西服的归、推、拔工艺

(1) 前衣片的归拔

① 推烫门里襟止口。先将前身的门襟靠身体,喷上水,由胸省向门襟止口推弹 0.6 至 0.7 cm,并将胸省省尖烫圆顺,门襟止口丝缕要归直,烫顺烫平,随后在驳口线中段归拢。

② 归烫中腰。把衣片调头,摆缝靠身,把大袋中间的丝缕归直,熨斗在中腰处,把胸省中腰后倒的回势归拢,归到胸省与腋下省的 1/2 处。

③ 归烫摆缝与袖窿。腰上段摆缝处横丝缕抹平烫,下段臀部的胖势略归,推直,中段腰节处回势作归烫。再把腰部放平,胸部直丝缕朝前摆,喷水将胸部烫挺。这样袖窿边就可产生回势,随后将回势归拢,归时斜丝、横丝要均匀。

④ 推烫肩头及下摆。将肩头靠身体,喷水把领圈横丝缕烫平,直丝缕向外肩抹大 0.8 cm。直丝后倾的目的是防止里肩丝缕弯曲起链状。再在外肩袖窿上端 7 cm 处直丝延伸,这样肩头就会产生翘势,然后将肩头翘势推向外肩冲骨(肱骨处)处,保持肩头翘势 0.8 cm。

再把衣片调头,烫下摆,下摆靠身体,喷水向上推烫,防止底边还口。

质量要求:

a.前身中腰处丝缕向止口方向外弹 0.6~0.7 cm。

b.前身门襟止口丝缕顺直。

c.横开领抹大推向外肩 0.6 cm,外肩向上拔 0.8 cm 左右,肩部向胸部推下,袖窿部位归拢。

d.下摆底边归拢,摆缝从腰节以下归拢,向大袋推进,腰节推直。胸部胖势圆顺,一般高约 1.5 cm。

e.做到门襟直,胸部丰满,摆缝顺直,横领抹大,外肩翘势。推门后可将两个衣片合对,根据上述要求,发现不符之处要补正。

(2) 烫衬

在烫衬之前,先把两衬复合,看其缉衬后是否走样,如未走样,将衬头用水喷湿喷匀,使水渗透布丝,用高温用力磨烫,使上下衬布平薄匀恰,加强胸部弹性。为了把衬头胸部处烫圆烫匀,以下归纳几点:

① 先在大身衬的中间,把腰节以下的衬头烫实。接着把肩头调头,再把腰节以上胸部胖势烫实。

② 把肩头烫平,外肩上端拎直,保持 1 cm 翘势。

③ 把袖窿与帮胸衬处拎起,并将驳回线中间的挺胸衬略归烫平,保持衬头窝势。

④ 把驳口处拎起,把袖窿及帮胸衬之间归拢烫平,使胸部胖出。

以上这四边的熨烫,是烫衬的主要部位,把衬头边沿解决了,再烫衬头的挺胸部位。

⑤ 将驳口中段和帮胸衬的袖窿处归拢烫实,衬中略伸。

⑥ 烫挺胸衬,要左手拎起大身衬的腰节,右手在胸部前后熨烫。再将大身衬调头,左手拎起衬肩,右手在胸部前后熨烫。这样正反两面来回熨烫磨圆。使它的基点适当大一点,并把胖势烫圆顺。

质量要求:

① 烫衬以后,大身衬头平服不可有链形。

② 衬头上下层匀恰,胸部饱满有弹性。

③ 胸部胖势,分散圆顺,基点要适当大些。

④ 衬头烫后,胸部胖势与肩头翘势要和前衣片符合。

(3) 后背归拔

先将肩缝靠身体,喷水,靠里肩部位多归,外肩少归。归烫时由左手拉住,再将后领处略归。后背归拔后基本上能符合人体后背的体形。质量要求:

① 背缝归直,背部肩胛骨处隆起。

② 中腰里归外宽,腰吸自然,背衩顺直,无搅豁现象。

③ 上摆缝略归,臀部推直,袖窿归势左右对称。

④ 肩头横丝推落,外肩伸直,里肩归拢。

(4) 袖片的归、推、拔工艺

将大袖片偏袖肘处拔开,上段部位略归拢、袖口部位略拔开,归拔部位从偏袖缝折转摆平为准。为了袖肘合体,可将袖肘的胖势拉弯,推归至偏袖线,然后把小袖片同样在袖肘部位烫平。

前袖缝喷水烫开分缝,应按小袖片弯势摊平,在偏袖和小袖片处烫平烫死。

第五节 熨烫定型技术质量要求

一、熨烫工安全技术操作规程

(1) 扣烫衣片和配裁零料时,要整洁顺直,严禁乱号,要严格按照小样板操作,不得走样。各处的标准印点要画准确清楚。

(2) 要保证裁片的清洁,无破损,不烫糊,不变色,及时供应缝纫工的生产要求。

(3) 在配零料时要求配准。在熨烫时,要正确识别面料的正反面。发现裁片问题及时向班长反映。

(4) 操作过程中,对扣配好的衣片要整齐堆放,不得乱丢乱扔。

(5) 熨烫工具要放在支架上,不得直接放在案板上,以免烧坏案板。

(6) 操作人员离开烫台时要及时拔掉电源插头。

二、整烫工艺要求

(1) 胖肚。要平服、丰满、自然;

(2) 双肩。肩线要平整、对称;

(3) 里襟、门襟。平正、圆润、丰满;

(4) 侧缝。平服、丰满;

(5) 后背。圆润、平直、不起吊;

(6) 驳头。平直、有窝势,且不能太死板;

(7) 领子。平服、有圆势;

(8) 袖窿。圆顺、美观;

(9) 袖山。丰满;

(10) 腰身。平服;

(11) 口袋等其他部位。要正确地烫平。

三、熨烫定型的技术要求

"三好":熨烫温度掌握好;平挺质量好;外观折叠好。

"七防":防烫黄、烫焦、变色、变硬、水花、亮光、渗胶。

四、熨烫注意事项

(1) 色织物在熨烫时有可能发生色变,应事先进行小样试熨。

(2) 尽量少熨,因为熨烫会降低织物耐用性。

(3) 熨烫提花、浮长较长的织物时,应注意防止钩丝、拉毛、浮纱拉断等现象。

(4) 难以熨平的吸湿性较大的织物,需喷水或覆盖湿布再熨,但有些纤维不能在湿态下熨烫。

(5) 熨烫温度应适当,混纺织物应以耐热性差的纤维为主。

(6) 熨烫台要有衬垫物,并避免凹凸不平,加覆湿布可缓和变色,避免熨后产生不悦目的亮光。

(7) 熨烫压力不要过大,否则会产生极光等。

(8) 熨烫时感到熨斗发黏、织物泛黄、熨斗移动时阻力过大或产生不悦目的光亮,需立即停止熨烫,进行调整。

(9) 一般熨烫时,薄织物温度稍低,时间稍长,厚织物温度稍高。

五、锁钉、整烫后的外观质量要求

(1) 总体要求可概括为平、服、顺、直、圆、登、挺、满、活、窝等十个字以及各部位熨烫平服、整洁,烫迹线挺直,臀部圆顺、胸部丰满、裤脚平直。

(2) 要做到"七无":

① 无烫焦;

② 无水渍;

③ 无极光;

④ 无绒面被烫硬;

⑤ 无服装配件被烫坏或压坏;

⑥ 无皱折痕;

⑦ 无衣物被熨烫不当致使其变形现象。

第六节 熨烫工艺品质控制

一、熨烫材料检查

投产前,对材料进行耐热性检验和测试。

二、熨烫设备检查

包括设备的日常清洁、去污;设备的保养、维修;设备的工艺参数调节。

三、半成品熨烫质量检查

包括半成品的熨烫外形质量是否符合设计要求;有无烫黄、变色、变焦、极光、沾污、熔孔等熨烫疵点;是否把衣片或部件熨变形、缝口熨扭;是否有熨错位置、漏熨现象。

四、成品熨烫质量检查

包括外形是否符合造型设计的要求;外观是否平整,顺服;是否有明显的烫黄、烫焦、水印、变色、极光等疵点;是否把服装拉变形,绒面熨硬,钮扣等附件压坏;是否未熨平或熨出皱痕;是否漏熨。

第七章　服装后整理、包装及储运

第一节　服装后整理

一、服装后整理的意义

服装后整理,一般指在包装之前的整理,它是保证质量的重要环节。服装加工的整理包括材料折皱消除,色差辨别,布疵修复,污渍洗除,毛梢整理等。其内容主要包括污渍整理和毛梢整理。

二、服装后整理的内容

1. 污渍整理

首先应根据面料及污渍的类别,选择合适的去污剂,既无毒、无害、无污染,又不能破坏面料的色泽和成分。可使用牙刷或小尼龙刷等,还可选用除污喷枪及除污清洁抽湿台。难以去除污渍的,要及时调整或换片。见图7-1手工除污。整烫时发现污渍,并设法去除,称"拓渍"。"拓渍"是一种局部洗涤。服装上的污渍主要可分为油污类、水化类、蛋白质类三种。

油污类如机油、食物油、油漆、药膏等。

水化类如浆糊、汗、茶、糖、酱油、冷饮、水果、墨、圆珠笔油、铁锈、红蓝墨水、红药水、紫药水、碘酒等。

蛋白质类如血、乳、昆虫、痰涕、疮脓等。

三种类型的污渍在织物上都有比较明显的特征。

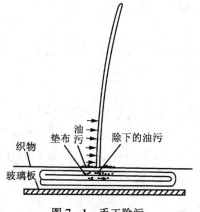

图7-1　手工除污

油污类污渍除油漆、沥青、浓厚的机油之外,一般的油渍边线逐渐淡化,且往往呈菱形(经向长而纬向短),这类污渍一般较易识别。

水化类污渍如红药水、紫药水、碘酒、红蓝墨水,有其鲜明的色彩;茶渍、水渍呈淡黄色且有较深的边缘,不发硬,这是和蛋白质类污渍的区别所在;薄的浆糊渍在织物上发硬,有时也有较深的边缘,但遇水就容易软化。

蛋白质类污渍在织物上一般无固定的形状,但都发硬,且有较深的边缘,其中除血渍、昆虫渍的颜色较深外,其余多数呈淡黄色。

污渍整理要注意以下几点:

(1) 合理选用去污材料。毛织物是蛋白质纤维,它的染料一般以酸作媒介,因此要避免使用碱性去污材料,因为碱能破坏蛋白质(毛织物),破坏酸性媒介(掉色人棉织物一般用碱作染色媒介),所以使用酸性材料后的变色要用纯碱或肥皂来还原。凡是深色织物,使用去污材料时以先试样为妥。

(2) 正确使用去污方法。洗涤去污方法分水洗和干洗两种。要根据服装的质料和污渍种类,正确选用去污方法。除污工具一般备有牙刷、玻璃板、垫布、盖布等。垫布必须是清洁白色、浸水挤干的棉布,折成 8~10 层平放在玻璃板上。除污时,先将除污板放在有污渍的织物下面,然后涂用去污材料。再用牙刷蘸清水垂直方向轻轻地敲击或加热使污垢和除污材料逐渐脱落到热布上去。有的污渍往往要反复多次才能除去。垫布须经常洗涤,保持干净。使用化学药剂干洗时,操作要注意从污渍的边缘向中心擦,防止污渍向外扩散;不能用力过大,避免衣服起毛。

(3) 去污渍后防止残留污渍圈。去污后织物局部遇水易形成明显的边缘,如不及时处理就极易留下一个黄色的圈迹。无论使用何种去污材料,在去除污渍之后,均应马上用牙刷蘸清水把织物遇水的面积刷得大些,然后再在周围喷些水,使其逐渐化淡,以消除这个明显的边缘,这样无论是烫干还是晾干,就不致于留下黄色圈迹。

2. 折皱平整

服装表面若有折皱,一般采用熨斗进行平整处理,保证服装挺括、平服圆顺。

3. 色差辨识

审查服装不同部位色差是否存在,色差级别在不同部位存在情况,超过标准规定应及时处理,否则只有降等降级。

4. 布疵修理

服装衣料自身存在残疵或在生产加工、搬运、取放过程中,可能受到钩挂、撕拉等作用,都会造成不同程度的疵病。因此要对其进行修复,保证产品出厂时的正品率,以降低损耗,提高经济效益。布疵修复的原则是将大疵修整后成小疵或无疵,小疵修整成完好状态,以提高服装等级为原则。

5. 毛梢整理

毛梢整理是服装加工最容易,但也是最难解决的一道工序,这里面包含着人的因素和客观环境因素。前者是对毛梢的处理不够重视，总认为毛梢不是产品质量的直接问题，容易掉以轻心。后者是场地、工作台、产品储存器的清洁指数问题。此外，工作人员身上如黏上毛梢后，也会使服装随时黏上毛梢。

毛梢又称线头，分死线头和活线头两种。死线头是指缝纫工在加工过程中，开始缝制和结束时未将缝纫线剪除干净而残存在加工件上的线头。目前的大工业生产，进口设备多备有自动剪线器，其技术指标是线头长度不能大于4 mm，大多数线头还需用人工剪修。活线头是指服装产品在生产流程中所黏上的线头和纱头。一般可分三种方法处理：

(1) 手工处理。用手将线头拿掉，放置在一个存器内，以防再次黏上产品。

(2) 黏去法。用不干胶纸或胶滚轮将产品上的毛梢黏去。

(3) 吸取法。这是目前最通用的方法，既省工，效率也高。它是采用吸尘器原理将产品上的毛梢、灰尘吸干净。

第二节　服装产品包装

包装是在产品运输、储存、销售过程中为保护产品以及为了识别、销售和方便使用商品，而使用特定的容器、材料及辅助物等方式。是防止外来因素损坏物品的总称。包装也指为了达到上述目的而进行的操作活动。

一、服装包装的作用

(1) 保护作用。保证服装以良好状态运到目的地。

(2) 宣传作用。介绍产品特征及使用方法，并通过外观造型设计，激发消费者购买欲。

如在包装上注明产品使用说明，见图7-2国际常用洗涤标志、图7-3我国规定使用的洗涤标志。

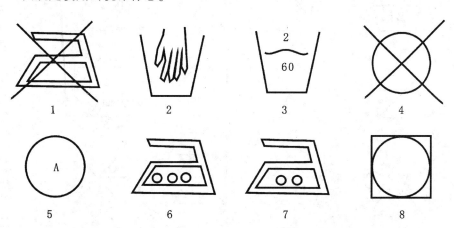

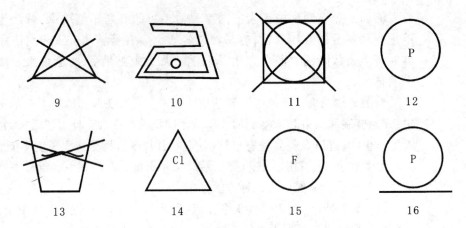

图7-2 国际常用洗涤标志

1—切勿用熨斗烫;2—只能用手搓,切勿使用洗衣机;3—波纹线以上的数字表示洗衣机的速度要求,以下的数字表示水的温度;4—不可干洗;5—"A"表示所有类型的干洗剂均可使用;6—熨斗内三点表示熨斗可以十分热(可高至200℃);7—衣服可以熨烫,两点表示熨斗温度可到150℃;8—可以放入滚筒式干洗机内处理;9—不可使用含氯成份的漂白剂;10—应使用低温熨斗熨烫(约100℃);11—不可使用干洗机;12—可以干洗,"P"表示可以使用多种类的干洗剂;13—不可用水洗涤;14—可以使用含氯成分的洗涤剂,但须加倍小心;15—可以洗涤,"F"表示可用白色酒精和11号洗衣粉洗涤;16—干洗时需加倍小心(如不宜在普通的洗衣店内洗涤),下面的横线表示,对干洗过的衣服,在后处理时需十分小心。

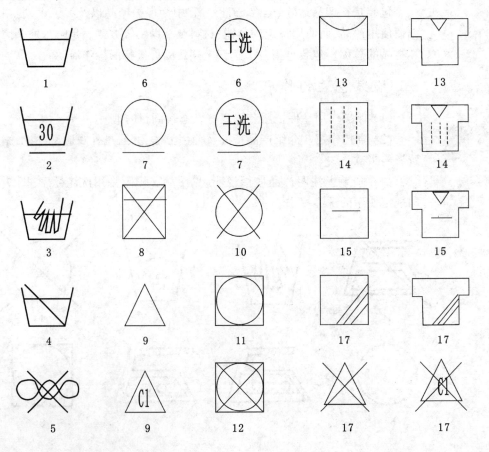

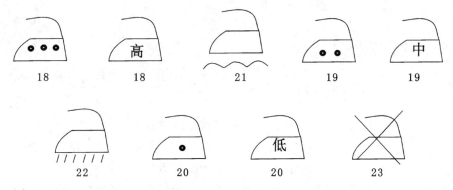

图 7-3 我国规定使用的洗涤标志

1—可以水洗,横线下数字表示水温;2—可以 30 度水洗,但要充分注意;3—只能用手洗,勿用洗衣机;4—不可用水洗涤;5—洗后不可绞拧;6—可以干洗;7—可以干洗,但须加倍小心;8—切勿用洗衣机洗涤;9—可以使用含氯的漂剂;10—不可干洗;11—可转笼翻转干燥;12—不可转笼翻转干燥;13—可以晾晒干;14—洗涤后滴干;15—洗后将服装铺平晾晒干;16—洗后阴干不得晾晒;17—不得用含氯的漂剂;18—可使用高温熨斗熨烫(可高至 200℃);19—可用熨斗熨烫(两点表示熨斗温度可热到 150℃);20—应使用低温熨斗熨烫(约 100℃左右);21—可用熨斗熨烫,但须垫烫布;22—用蒸汽熨斗熨烫;23—切勿用熨斗烫。

二、服装包装的分类

(1) 按用途分类,有销售包装、工业包装、特种包装等三类。销售包装是以销售为主要目的的包装,它起着直接保护商品的作用。其包装件小,数量大,讲究装潢印刷。包装上大多印有商标、说明、生产单位,因此又具有美化产品、宣传产品、指导消费的作用。工业包装是将大量的包装件用保护性能好的材料(纸盒、木板、泡沫塑料等)进行的大体积包装,其注重于牢固,方便运输,不讲究外部设计。特种包装用于保护性包装,其材料的构成须由运送和接收单位共同商定,并有专门文件加以说明。

(2) 按包装的层次分类,有内包装和外包装两种。内包装也叫小包装,通常是指将若干件服装组成最小包装整体。内包装主要是为了加强对商品的保护,便于再组装,同时也是为了分拨、销售商品时便于计量的需要。服装的内包装在数量上大多采用 5 件或 10 件,半打或一打组成为一个整体。外包装也叫运输包装、大包装,是指在商品的销售包装或内包装外面再增加一层包装。由于它的作用主要用来保障商品在流通过程中的安全,便于装卸、运输、储存和保管,因而具有提高产品的叠码承载能力,加速交接、点验等作用。

三、服装包装的形式

有袋、盒、箱、挂装(立体包装)、真空包装等。

立体挂装的服装具有良好抗褶皱性,能保持良好外观,提高商品附加值。真空包装的服装,体积小、质量轻、不沾污、易存放。

四、服装包装的设备

有装袋机、立体包装机、真空包装机、自动折衣机等。

第二节　服装产品储运

一、储运标识

（1）防湿、防水标识。一般以雨伞图形表示。

（2）收发货标志。识别货物的标志，又称唛头。包括品名、货号、规格、颜色、质量（重量）、体积、生产厂、收货单位、发货单位等。

（3）货签。附在运输包装件上的一种标签。内容包括运输号码、发货人、收货人、发站、到站、货物名称及件数等。一般用纸、塑料或金属片等制成。

（4）吊牌。一种活动标签，上面有产品简要说明和图样。通常用纸板、塑料、金属等制成，用线、绳、金属链等挂在商品上。

二、仓储要求

（1）入库验收。各种原材料进仓验收要按单据核对数量（件、箱、包）和质量。

（2）环境要求。对仓库的要求，仓库建筑必须牢固、干燥、通风、不漏水，库内避免阳光直射，相对湿度要求在 60%~ 65%之间，并有防虫、防鼠、防霉等各种措施，以防止原材料、成品受损。

（3）分类存储。分类存储货品堆放时应按不同种类、产地、牌号、级别、批号、符号等分别固定仓位，集中堆放，挂上明显标牌，便于识别。要按顺序，做到先进先出。并做到五不：不沿窗、不着地、不靠墙、不漏水和不霉烂。

（4）翻仓整理。原料和成品的存储，应在每年霉雨结束时期进行翻仓整理一次。在翻仓时，除将下层货品翻到上层外，还须将储放货品的木架、柜子、木箱等容器，分批搬到库外进行日光照射或者用杀虫药水喷洒，防止害虫孳生。

（5）库房通道及宽度。室内存储应考虑有适当通道：① 通道宽度至少不受物体搬运之阻碍；② 通道应整直，直接通向出口；③ 通道的交叉口应尽量减少，视野应广阔明亮；④ 通道应保持畅行无阻，不可在通道上堆积物品。

三、运输要求

货品无论进入库房还是上下车船，均需用人力或机械搬运。一般应符合五项基本原则：① 直线运输；② 连续运输；③ 力求简捷；④ 工作集中；⑤ 经济有效。在大量搬运装卸时，应尽量利用机械，可提高效率，减少包装损失。

第八章　服装生产的计划与控制

· ·

生产计划是企业计划工作的重要组成部分,是企业进行生产与运作管理的重要依据,是企业全体职工实现生产目标的行动纲领。通过生产计划,对企业计划年度内的生产任务做出统筹安排, 具体规定企业生产产品的品种、数量、质量和进度。通过生产计划,把企业的生产同市场紧密结合起来,以充分发挥企业的生产能力,提高企业的经济效益。

第一节　生产计划的主要指标及编制步骤 · · · · · · · · · · · · · · · · ·

一、生产计划的指标

企业的生产计划包括产品产量计划、产值计划、产品出产进度计划、生产协作计划等。这些计划由一系列生产指标构成。其主要指标有: 产品的品种指标、质量指标、产量指标和产值指标。这些指标各有不同的内容和作用,并从不同的侧面来反映对生产的要求。

(1) 产品的品种指标。规定了企业的在建后期,企业生产的服装产品品名和种类数。服装产品的品种须按具体产品号型、规格加以细分。产品的品种指标反映了服装企业的服装产品的方向。

(2) 产品质量指标。规定了服装企业在计划期内产品质量应达到的水平。生产计划中的产品质量指标通常采用综合性的质量指标,如合格品率、一等品率、优质品率、废品率等。

(3) 产品产量指标。产量指标规定了企业在计划期内出产的合格产品的数量。产量指标一般用服装实物单位计量。

产品的产量包括成品及准备出售的半成品的数量。产品的产量指标反映了企业向社会提供的使用价值的数量及企业生产发展的水平。

(4) 产值指标。产值指标是用货币表示的产品质量。能综合反映企业生产的总成果,产值指标包含的内容不同,又可分为商品产值、总产值和净产值。

① 商品产值。是指服装企业计划期内出产的可供销售的产品价值。商品产值包括以下内容:本企业自备原材料生产可供销售的成品、半成品的价值;外单位来料加工的产品加工价值。商品产值一般按现行价格来计算。

② 总产值。是以货币表示的企业在计划期内完成的工业生产活动总成果的数量。总产值指标可以反映一定时期企业的生产规模及水平,是分析研究生产的发展速度,计算劳动生产率、固定资产利用率、产值资金利用率等指标的依据。总产值包括:本企业计划期内全部商品的产值;外单位来料加工的材料价值;企业的在制品、自制工具等期末与期初存量差额的价值。总产值一般使用不变价格来计算。

③ 净产值。是指企业在计划期内工业生产活动新创造的价值,它一般按现行价格来计算。计算净产值的方法可使用生产法和分配法。

生产法:净产值=总产值-物质消耗价值

分配法:净产值=工资+利润+税金+国民收入再分配

二、生产计划的编制步骤

(1) 调查研究、收集资料。服装企业编制生产计划的主要依据是:① 国家的有关政策和法规;② 企业长远发展规划;③ 国内外市场经济技术情报及市场预测;④ 计划期产品的销售量;⑤ 上期生产计划的实施情况;⑥ 技术组织措施计划与执行情况;⑦ 计划生产能力的利用情况;⑧ 产品的试制、物资供应、设备检查、劳动力调配等资料。

(2) 拟定计划方案。企业根据国家、社会的需要和企业经济效益,在统筹安排的基础上,提出初步生产计划指标方案,各种产品品种合理搭配和出产进度的合理安排,将计划指标分解为各个分厂的生产任务指标等工作。

(3) 综合平衡,确定最佳方案。对计划部门提出的初步指标,必须进行综合平衡,研究措施,解决矛盾,以达到社会需要与企业的生产相互之间的平衡,使企业的生产能力和资源都能得到充分的利用,使企业获得良好的经济效益。

(4) 编制生产计划。经过反复的核算与平衡,编制出企业的生产计划。

第二节 生产能力计划

一、生产能力的概念

生产能力是指企业在一定时期内和一定的生产技术组织条件下,经过综合平衡以后能生产出一定种类的产品或提供服务的最大数量或者加工处理一定原材料的最大数量,它是反映企业产出可能性的一种指标。

二、影响生产能力的因素

(1) 固定资产的数量。指企业计划期内用于生产的机器设备、厂房和其他的生产用建筑面积。

(2) 固定资产的有效工作时间。指按照现行工作制度计算的机器设备全部有效工作时间和生产面积的利用时间。设备的有效工作时间同企业全年的工作日数、日工作班次、轮班时间、设备计划停歇时间等有关。

(3) 固定资产的生产效率。指单位机器设备的产量定额或单位产品的台时定额。

第三节　生产能力的分析与平衡······························

一、生产能力的分析

生产能力包括:① 设计生产能力分析;② 实际生产能力分析。实际生产能力分析包括:

(1) 生产品种分析。服装生产品种包括:女装、童装、时装、大衣、工作服、衬衫、西服、裤子等;

(2) 产品生产流程分析。指对产品生产过程中的作业进行分析;

(3) 设备负荷分析。生产用的设备分为平缝机、整烫机、特种机,生产前要计算各种机器设备的生产负荷,即设备的工作量;

(4) 工时分析。即工作时间的分析,包括每道工序加工时间、每项工作所用时间、单件所用时间等;

(5) 原、辅料准备时间。指生产前准备原、辅料所需要用的时间;

(6) 场所负荷分析。负荷指工作量,场所负荷指对场地的占用量。

二、生产能力的平衡

(1) 产销平衡。指工厂生产与市场消费的平衡。工厂生产的目的是为了满足市场需求,按用户订货要求提供合适的产品。由于"以产定销"的方式已很难适应现在的消费市场,因此,工厂应贯彻"以销定产"的原则,并根据市场需求的变化对生产进行调整和控制。

(2) 供产平衡。指工厂的生产任务与面、辅料供应之间的平衡。工厂在确定生产任务时,一方面要考虑市场需求,另一方面还要考虑市场的面、辅料供应情况,保证按时、按质、按量、按品种规格供应生产所需的各种面、辅料。同时还要根据市场供应情况的变化,对生产任务进行必要的调整,使生产任务与面、辅料供应之间始终保持平衡。

(3) 生产环节之间的平衡。生产环节之间的平衡包括以下内容：

① 生产任务与生产能力之间的平衡；

② 生产任务与生产资金之间的平衡；

③ 生产任务与劳动力之间的平衡；

④ 上工序出产与下工序需求之间的平衡。

(4) 各项指标之间的平衡。各项指标之间的平衡包括以下内容：

① 服装产品的数量与产量之间的平衡；

② 服装产品质量与面、辅料消耗之间的平衡；

③ 服装产品销售与货款回收之间的平衡；

④ 劳动组织与定员定额之间的平衡；

⑤ 库存物资与修旧利废之间的平衡。

三、生产能力平衡的基本要求

1. 预见性

这是指对作业计划的执行情况要做到心中有数，如果发现情况可能会有变化，就要预先采取措施，取得平衡工作的主动权，而不应当在出现了不平衡以后再去做平衡工作。在服装工厂的生产管理活动中，有很多情况是可以预先了解的。例如服装产品的款式变化，面、辅料的替换，新技术的应用，人员和环境的变化等。这些条件的不同会引起计划的不平衡，因此，可预先采取措施，做好各项平衡工作。

2. 积极性

这是指做平衡工作时要采取积极的态度，既不能按照薄弱环节搞平衡，也不能按照需要去安排，而应当是加强薄弱环节，不留缺口，在实际生产中，不平衡现象是经常发生的。例如：生产的款式品种变化时，生产效率会受影响，服装生产赶不上交货期等。为了使款式品种变化时，生产线负荷尽快达到平衡，如果采取"批量增大"或"选择经济批量，考虑批量变换和作业停滞的协调点"等方法，这是消极地按照薄弱环节搞平衡。为了使服装生产赶上交货期，可采用加班的办法来提高产量，但经常加班往往会产生职工身心疲劳或面、辅料供应跟不上的缺口，从而破坏平衡。因此，正确的做法只能是加强薄弱环节，不留缺口。

3. 经济性

这是指工厂在进行综合平衡时要注意经济效果，既做到计划的平衡，又能提高经济效益。例如，服装由厂内加工和外加工结合起来生产时，这在经济上是有利可图的。但外加工有材料、半成品的运送、加工技术和质量等问题存在，处理不妥，往往会适得其反，因此要综合考虑，确定一个最经济的外加工协调方案。

第四节　生产作业计划 ·······························

一、生产作业计划概述

生产作业计划是生产计划的具体执行计划,它与生产计划相比,具有计划期短、计划内容更具体和计划单位更小等特点。加强生产作业计划工作,对于提高企业的管理水平,建立正常的生产秩序和工作秩序,实现均衡生产,完成生产任务,指导企业的生产活动,提高经济效益等方面都有十分重要的作用。

1. 落实生产计划

生产作业计划把企业生产计划的各项指标具体地分配到各车间、工段、班组以及每个工作地和工人,规定他们在月、旬、周、日以至轮班和小时内的具体任务,并组织实施,使生产计划落到实处,从而保证按品种、数量、质量、成本和期限完成企业生产任务。

2. 合理组织生产过程

任何产品的生产过程都由物质流、信息流、资金流所组成。生产作业计划的任务之一,就是要把生产过程中的物质流、信息流和资金流合理地组织协调起来,用最少的投入获得最大的产出。

3. 实现均衡生产

均衡生产是指生产过程的各个环节,做到有节奏地工作,按计划规定的品种、数量、质量和交货期的要求均衡地出产产品。均衡生产有利于充分利用企业的生产能力,有利于保证产品质量,有利于有效利用生产资源,有利于降低成本、提高效益。

4. 提高经济效益

企业经济效益的高低,在很大程度上取决于产品的质量和成本,而产品的质量和成本都是在生产技术准备和生产过程中形成的。生产中用人计划的根本任务就是要在产品的生产过程中,严格保证产品质量达到规定的标准,努力减少产品生产过程中的活劳动和物化劳动的消耗,最大限度降低生产成本,力求取得最高的经济效益。

二、生产作业计划的编制

编制生产作业计划的方法与生产类型和生产单位的组织形式有关。生产类型不同,分配任务所采取的方法也不相同,主要有以下几种方法:

1. 在制品定额法

它适应于生产稳定的大批量生产类型编制生产作业计划,规定各车间任务的方法。它根据预先制定的在制品定额与预计的在制品实际结存量进行比较,使期末在制品数量保持在定额水平上。具体方法是从成品出产的最后一

个车间开始,按工艺过程反顺序,依次确定投入量和出产量,其公式如下:

某车间出产量=后车间投入量+该车间半成品外销量+车间之间期末库存在制品定额−车间之间期初库存在制品定额

某车间投入量=本车间出产量+本车间计划损失+本车间期末在制品定额−本车间期初在制品定额

2. 提前期法或累计编号法

它适应于成批生产类型编制作业计划,规定各车间任务的方法。它是根据提前期定额来确定各车间品种产量的。计算方法是从成品车间出产开始,按反工艺顺序计算。其公式为:

本车间出产(投入)累计号数=最后车间出产累计号数+最后车间平均日产量×本车间出产(投入)提前期

各车间在计划期内应完成的当月出产量和投入量按下列公式计算:

计划期车间出产(投入量)=计划期末出产量(投入)累计号数−计划期初已出产量(投入量)累计号数

第五节　生产计划的实施与控制 . . . .

一、作业指导

服装生产中,对具体的作业方法和动作进行指导时,通常可由现场生产经验丰富的班组长担任。以下几种情况需要进行作业指导:

1. 作业人员之间的技能有差异

(1) 新工人——编写新工人教材,并对她(他)们进行培训;

(2) 只有一些基础或单独进行实习的作业员——由班组长指导基本操作动作。

2. 工序之间作业人员的调整

因工序流程的修正、岗位轮换、缺勤等需要调整作业人员时,应向作业人员说明理由,并希望得到她(他)们的理解。由班、组长对新工序内容向作业人员进行事前说明,并进行指导。

3. 批量变换

多品种小批量生产时,由于款式变换频繁,经常出现作业内容变化。这种批量变换有时是产品整体的变化,有时甚至连生产线、班组的编制也要变动。

特别在进行整体作业指导时,因为开始阶段的指导对生产效益有很大影响,所以一般班长不直接进行具体操作,而是让他(她)巡视照顾全体人员的工作使之协调。

(例如,由10名工人进行直接操作,配班长1人,这样编组有利于对作业进行指导。)

二、作业安排

作业安排是指对现场发布制造指令(工艺卡),它是一项将日程计划已经确立的内容给作业员作具体指示的业务,有关内容如下。

1. 作业安排的内容

(1) 确认产品规格;

(2) 准备所需材料;

(3) 给作业员分配工作;

(4) 安排上机优先顺序;

(5) 供给必要的材料;

(6) 准备作业所需的机械设备。根据需要,对作业方法和简单的调整方法进行指导供给附属件、测量工具、专用尺、针、线等。

2. 作业分配要领

(1) 作业员的技能要与所分配的工序加工要求相适应;

(2) 头道工序要选择具有判断能力、工作稳定的人员;

(3) 装领、绱袖、装腰等主要工序要分配给技能熟练人员;

(4) 缺勤率高的人员尽量安排做辅助作业;

(5) 与主流结合的工序要安排注意力集中、而且对前道工序具有判断能力的作业人员;

(6) 作业人员之间关系紧张者,尽可能分开安排。

三、进度管理

进度管理最主要的目的是保证交货日期。实施过程中,要随时掌握作业进程是否与日程计划相吻合,如果有差异则需要调整。另外,如实行超前生产,则会增加在线品的数量和产品的库存量,因此,在保证交货日期的同时,要维持规定的生产速度(也称进度),这是进度管理的基本思想。

1. 进度检查的方法

(1) 检查生产到达何道工序;

(2) 检查完成了多少产品。

单件或小批量的服装生产用(1)的方法,而大批量生产一般采用(2)的方法。对每一作业人员或工序虽可实施进度检查,但比较有效的是下列的管理方法。

(1) 部门与部门之间设立检验点;

(2) 检查部件加工完成的最后工序;

(3) 检查大身衣片与部件结合的工序;

(4) 检查大身衣片与大身衣片结合的工序;

(5) 检查配置或组装时大的组块之间的工序。

2. 在线品

一般服装工厂的现场,都能见到堆积如山的半成品或面、辅料部件,这些统称为在线品。为此,我们必须考虑工厂中出现排列等候现象的原因。

(1) 因为品种、规格不同,所以作业时间、工序顺序也不尽相同。多品种小批量生产时这种变化尤其显著。另外,交货日期长与短的混合生产也是一个原因。

(2) 作业人员和服装机器在一个目的时间内要加工几批甚至十几批不同的服装,因此并非每天重复同样的工作。

(3) 生产计划(预定时间)并不是100%的正确,有时还因为意外事故(缺勤、疵品、机械故障等)或用户对订货要求提出变动等会引起生产计划的变动。

(4) 从生产效率上考虑,有时将一定数量衣片集中在一起加工较合适,但数量多时会产生停放现象。

由此可见,若由计划日程准确地决定从某日某时开始到某日某时结束是非常困难的,所以制定生产计划时,要考虑适当的浮余时间,并努力做到以下两点:

① 使人和机器没有游闲时间(提高工作效率);

② 确保交货日期(提高用户信誉)。

在线品增加过多,会使交货日期延迟,给管理带来困难,而且容易产生规格混淆或疵品的现象。为此,要尽量减少在线品的数量,同时不至于造成作业人员游闲,这是生产计划的目的。

一般情况下,品种数量越多,计划越不易正确制定,而且需要较多的浮余时间。

四、余力管理

1. 余力

指某一工序(或工作地)的生产能力与分配在该工序(或工作地)的工时负荷(工作量)之间的差。

2. 余力管理的目的

正确掌握车间、工序(或工作地)、作业人员等的生产能力,了解目前有多少工作量、分配的工作量完成得怎样、保证加工任务在规定时间完成、没有游闲时间以及不做过分的工作量。

3. 余力调整的方法

(1) 余力为正时,有空闲时间,可提前安排预定的作业或支援其他班组。

(2) 余力为负时,负荷过重,会引起进度延迟,这时应对作业重新安排,采用加班、增加直接生产人员或利用外加工等进行调整。

五、物品管理

工厂是加工材料、制造产品的场所,但是许多工厂缺乏有关材料、产品正确堆放的管理方法。随着服装产品的多样化,生产批量的减少,面料、辅料、半成品、成品的堆放更为复杂。为此,必须对这方面进行合理化管理。

正确地掌握将"何物"在"何处"放置"多少"是物品管理主要的目的。实施物品管理时,必须预先将保管场所、保管设备、保管账册及放置方法标准化。标准化的步骤:

(1)掌握在线品的数量及大小;

(2)决定保管设备的尺寸、容量;

(3)确定保管场所;

(4)配置保管设备;

(5)标示放置位置(定位保管);

(6)在线品的放置法,提取法;

(7)工序间的传送、保管;

(8)批量转换的安排;

(9)辅料的管理。

六、生产记录

作业实施后必须报告加工结果,并作好记录。整个作业过程应自始至终按工艺要求进行作业,并报告结果才算完成任务。因此,只知道热情地工作不能说是一种很好的生产管理方法。生产记录包括以下内容。

1. 作业员的记录

完成某项工作或一天的作业时, 必须在作业日报表中填写有关的内容。各车间的报表尽管形式各异,但至少要求记入的项目有作业的开始时间和结束时间以及作业量,有时也可按分组单据等方法进行处置。

2. 班组或生产线的记录

某一天的生产中,不同时刻的产量有一定的差异。对于班组或生产线来说,一般 2 h 进行一次实际产量记录,并与计划进行对比。

3. 工厂生产记录

(1)在日程计划表内填写实际产量(正用黑字,负用红字)进行记录。

(2)由进度表进行管理,在日常管理中,保证日程进度,也就是安排作业的进展过程将占据许多工作时间。其中最重要的是以进展快、慢为基准,制定比较精确的计划。通常预定表或计划表虽然确定了产品最终完成日期,但制造过程的许多细节都没有标明。这种预定或计划的制定方法不可能知道未能按时交货的真正原因,也不可能采取有效的改进措施。为此,比较简单的处置方法就造成经常加班,从而导致作业人员的积极性明显减退,生产效率下降。对于正在实施的进度状况,值得讨论的有下列几项内容:

① 产品的交货日期将延迟到何时,是否找到了原因以及采取了什么措施;

② 每月的生产预定计划是否完成,有否延迟或追加作业的状况;

③ 作业的进展情况用什么方法控制, 是否经常将预定值与实际值进行比较;

④ 是否以一个连贯的数字系统地掌握从材料进厂、铺料、裁剪、分组、压烫黏合衬、加工部件、组装作业、产品检验、外加工检验、整烫直到出厂的整个过程;

⑤ 发现延迟是否已晚,有没有及时上报;

⑥ 现场的班组长是否掌握了作业进展状况以及延误的实际情况,采取的补救措施是否合适;

⑦ 各车间是否每日讨论作业进展状况和及时开防止延迟的有关作业协调会议。

另外,提高全体职工对进度管理的认识及所具有的责任感是很重要的。

总的计划、作业进度均应在醒目的部位张贴。预定计划执行情况、进展状态、作业员正在进行的工作内容以及还有多少作业待做等应一目了然(使管理人员、现场的有关人员均能看到),这样就会出现对工序管理给予配合和协调的气氛。为此计划表、进度表都要尽量用简明易懂的形式表达或公布。

七、减少疵品的措施

服装生产的一个特点是如果做错了往往可以简单地拆开重做,这种返工方法在其他制造业是很难见到的。因此,有时会产生对作业员指导不细致,标准作业意识较差等现象。

工厂生产的产品如果出了疵品,又不能修复而造成废品时,这种损失将关系到工厂和全体人员的直接的或间接的经济利益。因此,必须采取措施,控制生产计划过程少出差错或不出差错,以保证产品质量。疵品的返工往往要花费数倍于正常工序作业的工时数,这不但会使生产效率下降,而且还会造成作业员积极性下降的后果。另外,疵品被用户检验发现后,将会失去信誉和市场。

1. 检验方法

(1) 根据检验时间分

① 加工前检验。是指加工前对面、辅料或外加工返回的缝制品进行检验。

检验的项目主要有布料的疵点、布纹和图案歪斜、色泽不匀、布料门幅差异、数量不足、外观疵点、功能不全、缝制质量差异以及污渍等内容。

② 中间检验。是指从裁剪工序到缝制工序的事前检验(如是否按样板裁剪、数量是否有差错等)和缝制半成品的检验,一般是在部件工序和组装工序之间进行的。

③ 最终检验。是指成品的检验。这一阶段的检验如果失误,就会成为用户的索赔对象。对用户来说质量与交货日期是一样重要的。检验的项目主要是缝制成形、风格、色差、整烫质量、尺寸等。

(2) 根据检验人员的不同,检验方法分

① 自检。作业人员自己在生产过程中对半成品的检验。

② 互检。作业人员之间在生产过程中对相关工序的检验。

③ 专检。由专门人员对产品进行的检验。

检验方法有抽样检验和全数检验两种,服装工厂加工过程的质量控制通常采用全数检验。

2. 处理措施

检验后发现疵品要立即进行处理。负责人根据情况可采取以下几种措施:

(1) 由检验员帮助修正,并与出差错的作业员联系,以防止类似的失误再次发生;

(2) 如果数量不足,则由原生产人员或小组制作补充;

(3) 如果由于数量不足而未能保证准时交货,则可中止正常的作业进行补救或在工作时间之外加班。

3. 防止疵品产生的积极措施

(1) 提高检验员的质检素质。检验员至少应熟悉工厂主要产品的加工过程,并有查明疵品发生原因的能力;

(2) 编制检验明细表,防止检验失误;

(3) 彻底实行全数检验;

(4) 规格单应简洁明了;

(5) 作业开始前应明确工艺单(作业标准)的内容后再开始操作;

(6) 充分、彻底地进行日常作业指导;

(7) 作业分配要合理;

(8) 在工序作业过程中若发现问题,应立刻中止作业,待采取措施再恢复作业。

八、日程延迟的处置方法

1. 出现延迟时的应急措施

(1) 加班,使作业进程恢复正常;

(2) 停止别的作业,补救延迟作业;

(3) 请求其他部门支援;

(4) 委托外加工;

(5) 请求用户同意推迟交货。

2. 防止延迟的积极措施

(1) 加强控制,尽量早发现延迟;

(2) 查明延迟的根本原因,明确责任所在;

(3) 询问和观察责任人员,得到准确的答案后再采取措施;

(4) 对有关实施措施的结果要负责任;

(5) 将延迟的措施作为一种业务进行汇报并形成制度,以便作为经常业务进行处理。

九、加班

日程计划延迟的应急措施之一是加班。服装生产是劳动密集型产业,主要依靠人工进行加工。为了赶上交货日期,在没有预备人员的情况下,只有进行加班。一个月内加一两次班,这是可以理解的,但作为管理者应尽量设法使加班时间减少。长时间的体力劳动会使职工身心疲劳,影响正常上班的工作效率。减少加班时间的方法如下。

1. 全厂统一行动

缩短加班时间需要工厂全体职工一起努力。

2. 了解出现加班的真正原因

是否交货日期过紧;生产计划不妥当导致等待过多;提高作业人员技能培训的工作是否合适;有否因工资奖金分配不当造成职工情绪波动;人际关系是否融洽等等。只有查明产生的原因后,才能对症下药,明确改进的目标。

3. 加班工资减少后的完善措施

通过合理化方案,能使加班时间缩短,这样会使职工的加班工资减少。为了缓和收入的落差,可通过"生产效益的津贴"来保证收入的平衡。同时,必须努力进行工资改革,将这种津贴在工资中予以体现。

4. 目标和日程计划的确定

推行改进措施时,最重要的是确定具体的目标,并安排好日程计划,消除浪费、过分加重任务等现象。

5. 严格遵守工厂的规章制度

应严格遵守上、下班时间,工作期间不干私事。在日常合理化过程中,通过艰苦细致的教育才能培养良好的工作作风。

6. 加班的管理

加班当然应由负责人决定、安排。但如果没有良好的工作作风,则反而会带来不良后果。卓有成效的方法是通过诸如作业的改进、提高工作效率和整顿作业环境等活动,增加职工的工作热情。

7. 进行合理调整

实际定额时间和工作时间应尽可能一致,这是最理想的。但实施计划时,会遇到各种困难或意想不到的事件,如上班乘车高峰引起的迟到现象增多等可依据实情调整上、下班时间,这样既能保证职工正点上班,又能避免职工上、下班挤车疲劳。

8. 注意现场作业员的人际关系

生产现场需要严格遵守规章制度,但另一方也要通过努力创造和谐愉快的现场气氛,形成良好的生产环境。总之,为了提高工厂的生产效率,减少加班,应在平时工作中注意强调制度的重要性,培养工人自觉遵守工厂纪律的习惯和对工作认真负责的工作精神,只有工人的素质提高了,全厂的效率才能最好,加班时间才能从根本上减少。

十、保证出勤率

服装工厂劳动密集型产业结构和产品品种特性都需要有一个稳定的出勤率以保证生产顺利进行。管理者在安排作业时,必须根据人员的实际状况进行配置。通常可以采取下列几项措施:

1. 一般情况下的缺勤

一般出勤率应在95%以上。出现5%的缺勤人员时,可采取重新编组、在小组之间调整或由班组长顶替等措施。通常,因私事缺勤是事先可知的,所以本人可在前一天向班组长请假。这样一来,缺勤人员的作业工序可在组内安排协调完成,以便当天解决。

2. 集中缺勤

(1) 事先已知的缺勤。集体或地区特殊活动而产生集中缺勤时,应按不同情况,尽量事先编入生产计划。这时,可采取集中其他出勤人员提前做某些衣片、部件的加工,停止某些生产线的工作,临时放假等措施。

(2) 事先未有通知的缺勤。因流感或其他突发性事件而集中缺勤时,可由现场负责人决定采取相应的措施。但在管理上有问题时,则可另行研究采取措施。

十一、批量变换时的相应措施

通常,加工前的准备、工序结束的收尾工作可称为批量转换作业,它是工厂管理中的一个难点。而诸如"批量增大就会减少批量变换的不利影响"或者"选择经济批量,考虑批量变换和作业停滞的协调点"等只是一些消极的管理思想。

1. 经济批量的观点

(1) 随着批量的增大,可减少"批量变换时间",从而使花在批量变换时间上的成本呈降低的趋势。

(2) 随着批量的增大,由于在线品增加,堆放场地面积增大,生产周期延长,停工时的工时数增加以及利息支付增加等原因,将使成本呈增加趋势。

2. 多品种小批量生产的难点

多品种小批量生产的难点到底在哪些方面,归纳起来最重要的是下面两个因素:

(1) 作业开始的初期,因为"相互间不易协调",会使效率下降,容易出疵品;

(2) "批量变换"频繁会导致机器运转效率下降。

对于初期不协调问题,必须通过积极地制定作业条件的标准化予以解决。

为了减少因批量变换引起的机器运转时间的损耗,应尽量选择批量大的订货进行生产,以补偿这种效率损失。但大批量生产有两个不利因素:

① 生产周期长;

② 在线品增大,库存增多。

3. 批量变换时的积极措施

(1) 事先彻底地研究所要使用的材料(面、辅料);

(2) 事先准备好所要使用的机器设备(包括辅助装置);

(3) 积累合理的加工技术和专利;

(4) 通过工序分析、时间和动作的研究,合理地进行工序编排和作业安排;

(5) 提高作业人员的技能,培养多面手;

(6) 适当使裁剪作业先行完成,以便及时供应裁片;

(7) 认真推行物品管理措施;

(8) 制定和充实作业标准(批量变换表、作业标准工艺卡、每小时产量等)。

十二、设备保全

生产设备一旦发生故障,该工序的生产就要停顿,所以必须要有与工厂规模相符合人数的兼职或专职的保全工,当然保全工需要进行专门培训。设备维修工作可分为以下三种类型:

1. 日常整备(以缝纫车间为例)

对于一些工作状态经常变化的部件的维修,如送布牙、梭壳等的清洁,针、压脚的工作状态调整等。

(1) 针板内侧、送布牙、梭芯、梭壳周围的清洁(可用刷子);

(2) 熨斗熨烫面和烫垫应保持清洁或定期更换烫垫;

(3) 定期加油,清除油孔、马达周围的线屑;

(4) 检验针、针板孔及压脚是否处于正常工作状态;

(5) 机架、台面的清扫。

2. 预防保全

推测易出故障的部位,定期进行检验,防患于未然。

3. 修理

修理出故障的设备,并要寻找事故的原因,采取根治的措施。

十三、外加工注意事项

1. 外加工的目的

(1) 成本上有利可图;

(2) 弥补人员、设备的不足;

(3) 有利于劳保安全的执行;

(4) 利用外界优越的技术;

(5) 其他。

2. 外加工时的注意点

(1) 在委托外加工时,应充分调查外加工单位的能力,给予适当的生产量;

(2) 积极进行技术指导,以便按时交货;

(3) 依靠外加工时要注意材料的运送方法。

第九章　作业研究与管理

第一节　作业方法研究

一、基本概念

作业方法研究是指运用各种分析技术,对作业方法进行分析、设计和改进,寻求最佳的、经济的作业方法并使之标准化的研究活动。它包括工序分析、工艺流程分析、动作分析和搬运分析等。

二、作业研究内容

1. 以物为对象的研究

又称生产过程分析,主要是对产品制造过程进行研究。它包括以下三种研究：

(1) 产品组织方式的研究。这是通过对产品结构进行分析,即对企业所生产的产品品种和数量进行分析。研究如何根据产品的不同数量,分别采用适当的生产方式,从而提高生产效率。

(2) 产品制造过程中移动状况和在制品数量的研究。这种研究又称物流空间组织的研究,是通过对物流流程分析、搬运分析和工序分析等,研究如何使物的流动符合经济合理原则,如何以最少的费用实现物的合理流动。

(3) 产品制造过程所需时间研究。这种研究又称物流时间组织研究,是通过对工序的生产周期、产品的生产周期、在制品停放时间的分析,研究如何以最少的时间生产更多的产品以及如何保证生产的均衡性、节奏性等。

2. 以人为对象的研究

指如何发挥人的作业效率的研究,包括:

(1) 作业时间和作业方法的研究;

(2) 动作分析;

(3) 动作经济原则。

三、作业方法研究的特点

1. 不断革新的思想

不断革新的思想是指不以现行的工作方法为满足,总是力图以实事求是的科学态度去研究问题,改进、变革并创造出一种比较理想的工作方法。

2. 具有全局性和系统性

不是孤立地研究某个局部的问题,而是从整个过程来分析问题,着眼于改善整个工作系统和生产系统。

3. 紧密结合实际,挖掘潜力

力求在不增加人员、不增加设备、不增加资金的情况下,以工作分析为手段,借助于改进现行方法,以达到改进管理和发展生产的目的。

4. 建立和完善作业的标准化

通过研究把已经实践证明是一种理想的作业方法固定下来,定为作业标准,用它来作为训练和考核职工的依据,统一步调,提高生产效率。

5. 适用于各项标准工作

在管理业务工作上可以运用方法研究寻求合理的业务流程和工作方法,以求各种管理工作的改进和实现管理业务的标准化。

四、作业方法研究的一般程序

1. 提出问题

服装企业中的标准化工作者和生产管理者都应具有问题意识,要不断地发现问题、提出问题,并协助企业领导解决问题,使企业处于不败之地。问题意识是方法研究的灵魂和核心。

2. 调查准备

包括明确调查内容、准备用具和调查表及统一调查人员的认识等。调查表要易于记载调查的结果,易于累计调查结果,使调查重点突出。

3. 调查实施

主要是询问有经验的现场操作人员,其次是实测和查阅资料,要特别注意正确地记录事实,最后将调查的结果准确无误地汇总。

4. 分析研究

(1) 从调查的结果中进一步发现问题,寻求改进的重点,拟订改进方案(草稿);

(2) 通过集体的创造性的思考,研讨改进方案(讨论草稿);

(3) 对改进方案进行评价和优选,确定方案的初稿。

5. 确定实施方案

将优选确定的方案具体化,制成实施方案,然后从经济、安全、管理等方面进行综合并作出试行方案评价,研究其达到预定改进目标的程度。

6. 试行

按试行方案的要求对操作者进行训练,按实用的程序试行。在试行中总结经验,发现问题,及时修正,写出修正方案。

7. 制定标准

通过试行并修正后,准备正式实施的内容并制定出相应的标准,确立新的工作目标,产生执行方案。

8. 实施

在实施方案的过程中,根据情况变化还要对方案作适当调整或修正,但尽量使工作系统相对稳定,最后确定实施标准和规则。

五、作业方法研究的分析技术

(1) 各种流程表图;
(2) 设问技术;
(3) 工作改进技巧;
(4) 工作改进分析检查表。

作业方法研究就是运用通俗易懂、简单实用的工具分析问题,解决问题,这是工业工程的特点,也是它的优点。作业方法研究根据分析对象的不同可分为工序分析、动作分析和作业测定等。

第二节　工序分析

工序分析就是依照工艺程序,从第一个工作地到最后一个工作地,全面分析有无多余、重复、不合理的作业流程、搬运和停滞等,以改进现场的空间配置和作业方法,提高工作效率。在服装厂里,服装产品生产从材料投入到制成成品的过程可分为加工、检查、停滞和搬运四类工序,通过调查各类工序的条件、工序编排情况,可以有效地对工序流程进行改进。

一、目的

1) 明确工序的加工顺序,使加工方法更明确;
2) 可作为作业改进、生产组织设计、工序管理的基础资料;
3) 使整个作业流程合理化、简单化及高效化。

二、工序分析的种类

按工序划分的粗细分,可分为普通工序分析、精细工序分析;

按工艺的目的分,可分为产品工序分析、操作人员工序分析、事务用工序分析、搬运工序分析。

三、工序分析的表示方法

见缝制工艺设计相关章节。

四、工序分析的方法

1. 产品工艺流程分析

就是对照图表运用方法研究对各项技术提出问题或提出存在问题,寻求改进措施。其分析技术主要有:

(1) 设问技术

① 目的。做什么?为什么做?其他还可以做什么?应当做些什么?——使工作的目的进一步明确。

② 地点。在哪里做?为什么在那里做?还可以在哪里做?应当在哪里做?——选择最合适的工作场所。

③ 时间。什么时间做?为什么在这时做?可能在什么时间做?应当什么时间做?——选择最适当时机。

④ 人员。谁来做?为什么由他来做?其他什么人还可以做?应当由谁来做?——确定最理想的作业者。

⑤ 方法。如何去做?为什么这样去做?还有别的什么办法?应当如何做?——确定最好的工作方法。

(2) 工作改进技巧

可采用排除、改变顺序、合并工序、简便化、机械化等方法。

采用上述的设问技术对工序流程图进行分析时,还可以从"取消"、"重排"、"合并"、"简化"四个方面考虑改进措施,这种方法简称"工作改进四种技巧"。使用这四种技巧,可使工序编排合理,降低生产成本,提高工时效率。

2. 产品工序工艺分析

一般采用工序工艺分析表,对操作、搬运、检验、停滞或延迟等工作可设法减少工序、作业的次数、所需时间和搬运距离等。工艺分析表的式样很多,通常都在表的中间位置安排工序图示记号,右侧简要记载作业条件,左侧记载加工、检查等所需时间和搬运距离等。通过对加工、搬运、检验、停滞等四种工序工艺的调查和分析,研究并提出改进方案。

分析要点。工序工艺分析表是工序分析最基本、最重要的技术。它清楚地标出所有的操作、搬运、检验、停滞或延迟等项工作,通过工艺分析表可以设法减少工序或作业的次数、所需时间和距离。分析的要点包括:

(1) 操作分析。对工艺流程表上的操作工序进行分析,首先,考虑是否存在徒劳的操作或可省去的工序;其次,考虑合并工作地或改换作业顺序,以减少搬运次数或等待时间。此外,改变加工条件(如将手工作业改为机械作业)也可考虑在内。

(2) 搬运分析。搬运应尽量减少,一般常从数量、距离、时间三方面考虑。例如,使用传送带代替人力运输,调整工序或合并操作以取消不必要的运输,调整作业地的平面布置以缩短运送距离,改进运送工具,以减少搬运次数等。

(3) 检验分析。检验分析包括分析疵品产生的原因是否明确,检验的时间、地点及检验方法是否正确,采用中检还是最终检验,能否将全部检验改为抽样检验,能否省略某些项目的检验(如采用一般检验能保证质量的,就可以省去精密检验)等。

(4) 储存分析。储存时间过长、数量过大会影响资金的周转。储存状况的分析,可从仓库管理、物料供应计划和作业进度等方面寻找原因及解决的办法。

(5) 延迟分析。延迟纯属浪费,应设法将延迟减少到最低限度。为了找出产生延迟的原因,可从人的因素和设备因素两方面进行分析。

第三节　动作分析

动作分析是把某次作业的动作分解为最小的动作单元,以对作业进行定性分析,省去不合理和浪费的动作,制定出安全、正确、高效率的动作序列,形成合理、经济的作业方法,使作业达到标准化。

一、目的

1) 提高产品的产量、质量;
2) 减轻劳动强度,提高工作效率;
3) 确定作业标准,培训工作人员;
4) 科学地进行作业管理。

二、动作分析的顺序

(1) 循环要素分析。循环作业即操作工人承担加工范围内的工序单元。

(2) 作业要素分析。一个工序单元由若干作业要素组成,如缝合衣片时的前动作、主动作和后动作。通常作业要素分析就是按照这一方法进行动作分解的。

(3) 动作要素分析。动作要素是把作业要素分得更细,一直分到不能再分的最小动作为止。这种分析方法,主要用于作业要素分析还不够明确或作业量大的场合。

三、动作分析的方法

动作分析的主要方法有目视动作分析法、影像分析法和既定时间法等。

(1) 目视动作分析法。肉眼观察操作者的左右手,并用一定符号,按动作顺序记录实际情况,然后分析,提出改进操作的意见。方法简便,费用低,但准确度不高。

(2) 影像分析法。用电影摄影设备或录像设备把操作者的动作拍摄下来，然后分析，提出改进意见。准确度较高，但费用高。

(3) 既定时间分析法。对作业进行基本动作分解，根据预先确定的最小单位时间表，求得每个最小动作单位的时间值，从而确定出标准作业时间。根据标准作业方法确定标准时间，只要知道作业方法，不必实测时间，通过计算就能确定标准作业时间。

四、动作分析的基本步骤

(1) 确定目标。先确定如何辨别工作方法优劣的准则，再决定改进工作方法的范围；

(2) 分析。将每一工作方法划分为若干细小的步骤，再以图表示实际或预期的顺序；

(3) 评定。将上述分析所得的基本数据与更有利的步骤顺序比较，以形成更佳的工作程序；

(4) 革新。根据评定结果，重新组合该项工作的程序；

(5) 检验。根据第三步的数据，检查第四步所制定的新方法是否符合第一步的目标；

(6) 试行。把第五步制定的新方法，先挑选几名操作工人加以培训，以观察其实际效果；

(7) 应用。根据试行结果，制定标准工作程序并加以推行，使工作标准化。

五、动作经济原则

动作经济原则是分析改进作业方法的最后一种手段。利用它可以在不改变整个作业程序，不改变设备和生产进度等条件下，使工作效率提高，工人感到工作轻松自然。可以说动作经济原则是使动作变得更加经济的原则，其目的是减少作业者的疲劳和提高作业效率。

1. 身体使用原则

(1) 双手同时开始，同时完成其动作；

(2) 除规定的休息时间外，双手不应同时空闲；

(3) 双臂的动作应对称、反向并同时动作；

(4) 手的动作应以最低等级而又获得满意的结果为好；

(5) 尽量利用物体的惯性、重力等，如需用体力加以阻止时，应将其减至最小程度；

(6) 变急剧转换方向的动作为连续曲线动作；

(7) 建立轻松自然的动作节奏或节拍，使动作流畅自如。

2. 工作场所布置原则

(1) 工具、物料应放在固定位置，使操作者形成习惯，用较短的时间迅速

拿到作业位置;

(2) 运用各种方法使物料自动到达操作者身边;

(3) 工具或物料应放在操作者面前或身边;

(4) 工具或物料应按最佳次序排列;

(5) 照明应适当,使视觉舒适为度;

(6) 工作台和座椅的高度要适当,应使操作者坐或站立时感到方便、舒适;

(7) 工作椅的式样和高度,应使操作者保持良好的姿势;

(8) 以固定的机器循环,完成最大限度的工作内容;

(9) 安排直线向前进行的工作次序。

3. 工具、设备的设计原则

(1) 尽量解除手的动作,用脚踏工具代替;

(2) 尽可能将两种以上的工具组合成一种多功能工具;

(3) 机器上的手轮及其他操作件位置的设计,要尽可能使操作者以较少的姿势变动达到最高的操作效率;

在长期实践中,人们运用上述这些原则后,逐步体会到最核心的问题有以下四点:

① 两手同时使用;

② 力求减少动作单元;

③ 力求缩短动作距离;

④动作要轻松、流畅、有节奏、容易掌握。

上述三个原则实际上是这四个方面的延伸,所以,又将这四点称为动作规范的基本原则。

第四节 作业测定 ....

一、作业测定的定义

在标准作业状态下,确定作业活动所需时间的方法,即实测一名训练有素的操作者,在标准状态下以正常速度完成某一指定工作所需时间的一种方法。其定义包含以下几个概念:

(1) 操作者。必须是合格的工人,该项作业必须适合于他;

(2) 训练有素。操作者对该项作业的操作方法必须受过完全的训练;

(3) 正常速度。指平均速度,正常速度应使每个操作者每天没有过度疲劳,容易持续下去,但须努力才能达到;

(4) 标准状态。指标准作业方法、标准工作环境、标准设备、标准程序、标准动作、机器的标准转速等,这些都是由方法研究确定的,故必须首先进行方法研究,达到标准状态后,再进行时间研究。

二、作业测定的方法

作业测定的具体方法很多，一般可分为对作业的直接测定法和利用已有资料进行推断的合成法两大类。

作业直接测定法，即秒表法，测试开始时，把秒表开动，一直观察到作业结束，记录所经过的时间，多次采样后，经计算求出作业时间。利用已有的资料（如各种报表、以往的经验及过去测定的时间值等）进行时间值分析和推断的方法，主要有：既定时间标准法（Predetermined Time Standards System 简称 PTS）、机械时间算出法、标准资料法和实际成绩资料法等。下面主要介绍秒表法、PTS 法和工作抽样法。

1. 秒表法

以工序作业时间为对象，按操作顺序进行多次重复观察，测量其工时消耗的一种方法。其目的主要是研究总结先进操作者的操作经验，作为制定作业标准的资料，以寻求合理的操作方法，确定合理的工时定额。

（1）秒表法的测时工具。秒表法的测时工具主要有秒表、时间观测板、测时记录单。

① 秒表。常用的有十进分钟秒表和十进小时秒表两种。

② 时间观测板。采用秒表进行观测时，要有适用的记录板，可以安放计时记录表格和秒表，便于测时人员一面观察，一面读数。

③ 测时记录单。测时记录单是预先印好的表格，根据作业形态、附带调查项目等的不同，记录单的复杂程度也不同。

（2）秒表法的实施步骤。实施秒表法时，测时人员要努力取得被测者的合作，不断积累观测经验，才能做好观测。主要步骤有：

（1）收集、记录操作方法及操作者的有关资料（如设备、材料规格、工艺方法、人员素质等）；测时研究人员应预先做好准备工作。需预先收集的资料有：

① 标准操作方法。未经方法研究（工序分析和动作分析）而做的时间研究是没有意义的。操作方法不同，时间消耗也必然有差异，按某种操作方法测定的时间标准，不能用于其他操作方法。测时之前，首先判断该操作是否确定了标准方法。

② 材料规格和标准。加工服装所选用的物料应为设计图纸或工艺文件所规定的材料规格。

③ 设备和工艺。一般要明确加工服装的设备、型号、代号，以方便查找设备和产品的详细技术资料。

④ 被观测者的素质。被观测者的素质指工人的智力、体力、技术熟练程度及思想情绪等。一般应将达到平均水平的操作工定为测试对象。所谓平均水平的操作工是指其技术能力与熟练程度为同类工人的平均水平，一般操作者经过努力均能达到，不会使测试结果失去普遍意义。

⑤ 工作环境。温度、湿度、照明、工作场所、噪音程度等。

（2）划分操作单元。操作单元又叫要素，它是某一工作中独立的、便于观察、测定和分析的一部分。划分操作单元的原则是：

① 在不影响精确观测和记录的前提下，每一操作单元的延续时间越短越好，但需在 2.4 s 以上，2.4 s 是凭视力精确观测的最小极限数值；

② 将手动时间和机动时间分开，因为前者需要评定，后者不需评定；

③ 单元之间的界限要明确分清，每一个单元的起始点要易于辨别，划分单元的标准在一个企业里应该能通用，所划分的单元应该能清楚地用文字记录；

④ 明确分清不变单元和可变单元；

⑤ 设计中的单元与过程中偶尔出现的单元要明确分清；

⑥ 物料搬运时间与其他单元分开，因为它对工作地的布置影响很大；

⑦ 操作工人操作时某些自然的动作序列，不能分解为独立的动作序列。

（3）观测周期次数的确定。为了正确确定时间研究所必需的观测次数，必须考虑各种因素，单靠作业母体平均值的统计计算来决定观测次数是不实际的，观测次数必须结合实际情况决定。

（4）观测和记录操作时间。确定观测记录方法，对观测结果进行整理和分析。

① 在观测用纸上计算每一操作单元的延续时间并记入表中的时间栏内（计算方法为该项操作终结时间减去前项操作单元的终结时间）；

② 检查核实记录，删去不正常值，求出正常延续时间；

③ 计算有效观测次数，求出每一操作单元的平均延续时间；

④ 将各操作单元的平均延续时间相加，其和为工序的作业时间；

⑤ 计算稳定系数。稳定系数等于测时数列中最大值除以测时数列中最小值。若某项操作单元的系数越大，说明该项操作时间越稳定，反映出操作工人操作的熟练程度高；反之，则说明操作时间不稳定，反映出操作工人的操作不熟练或有其他干扰。

（5）对各操作单元进行评定。

（6）决定宽裕值（或称余裕值）。

（7）制定操作的时间标准。

（3）选定时间。观测人员为求得正确的时间值，必须首先对各项动作元素分别多次测定，在不同数值中，各筛选出一代表性最好的时间值，将选定时间值相加，作为各项作业的选定时间值。常用的选定时间值的方法是平均时间法，此法最简单，应用最广泛。其方法是从所测的数据中，删除一部分明显不正常的资料，余下的再求算术平均值。此外，还有最小时间法、合成时间法、系数时间法等。

2. 工作抽样法

对操作者或机器的工作状态进行随机观测，并以累计数据推断其工作状况，进行分析、研究和改进。工作抽样也是对作业直接进行观测的作业测定

(时间分析)方法。

(1) 工作抽样法的用途

① 通过工作抽样可计算操作者各项活动的时间构成比,这是对工作状况进行评价的基础;

② 调查不同时刻、不同期间的工作效率;

③ 研究机器设备的工作效率;

④ 设定非循环作业的标准时间;

⑤ 设定包含在标准时间内的宽裕时间;

⑥ 检查标准时间的合理性;

⑦ 规定修正标准时间(按生产批量值)的系数。

由于工作抽样是瞬间观测分析对象的一种方法,它具有测定效率高、经济、所得数据失真小、准确度高、适用于多种作业等优点。但也有局限性,如观测不够细致,不适用于以过细分析作业时间消耗为目的的观测,也不适用于以改进操作方法为目的动作分析的观测等。

(2) 工作抽样法的实施步骤

① 拟定抽样计划。确定抽样的目标和目的;确定观测对象的范围;编写观测项目表及观测的详细内容;

② 决定观测次数。仅工作抽样来说,观测次数越多,得出的推断结论越确实可靠。但观测次数越多,所耗费的人力和费用也越多,故应按统计理论确定观测次数;

③ 决定观测天数和一天的观测次数。工作抽样执行的天数依作业对象的内容而异;

④ 决定观测时刻。观测时刻的确定以随机抽样和等时间间隔为宜;

⑤ 选定观测通路和观测人员;

⑥ 设计工作抽样表。一般应预先设计好表格,表格的形式和内容按抽查的内容和目的而定;

⑦ 观测数据的整理、汇总、分析、研究。首先对观测项目归类汇总,在服装加工厂的观测项目可分为加工作业、准备作业、搬运等;其次对各类项目所占比例及发生的原因进行分析研究,寻求尽量减少不可避免的延迟和增大作业率的措施,为制定标准时间和工作标准提供基本依据。

3. 预定动作时间标准法

简称 PTS 法,直接将组成作业的各动作单元顺序记录后,按每个单元的特性分析,查表,求时间值,累加,再加上浮余时间,即得到标准作业时间。

PTS 法的突出特点是不需经过时间观测,只要确定作业的"动作形态",就可利用标准数据表,在办公室里进行简单计算而获得作业的标准时间。数据表中的时间值是通过长期的时间研究后在大量数据的基础上逐一进行综合分析的产物。时间观测人员只需检视作业的图纸、工作地布置以及操作方法等内容,就能准确地确定作业实际操作的生产周期,而且可根据不同的工具和操作方法,确定出不同的时间消耗值,这对开发新产品、成本核算、营销决策等都有重要作用。

PTS 法的类型很多,其中较有名的且应用较广的有 MTM 法(方法时间测定法)、WF 法(作业因素法)、WF 简易法、MOD 法(模特计时法)等。

第五节 时间研究

一、工作研究

工作研究就是把作业中所有活动加以分类、分析、调查研究,求出浮余率,以供规则作业、改善管理及制定标准作业时间。

作业
- 工作
  - 主要工作　如正在进行的裁、缝、熨
  - 辅助工作　拿、放、换、装配衣片,切线、定位
- 浮余
  - 作业浮余　发生在工人身边,如整理机台、处理故障、调节椅子高低、确定熨烫温度、判断质量
  - 车间浮余　因工作场地原因发生的浮余,如商量工作、搬运、移动、停工待料
  - 生理浮余　因疲劳和生理上的原因造成的,如疲劳、喝水、擦汗、上厕、喂乳、生病
  - 其他　　　纪律涣散、管理不力、私语、偷懒、左顾右盼

二、浮余率

就是不定期动作发生的比率。有两种算法:

内乘法:浮余率=浮余时间/作业时间

外乘法:浮余率=浮余时间/工作时间

浮余率的观测方法:

(1) 工作抽样法。又称瞬间观测法,即在某一时刻看一个人在做什么,一瞬间观测、记录,并尽量增加观测次数,以求得更高的精确度。

(2) 连续观测法。连续观测对象,以直接的时间数值来反映。无法同时观测许多对象,为把握整体情况,需反复做许多观测,花许多时间,但结果较详细。

(3) 生产数量法。由实际生产量求出实际单件加工时间,与纯粹加工时间相比较,求出比值或由纯粹加工时间求出理论生产量,跟实际生产量相比较,求出比率。

例如,已知一天的实际产量为 100 件,每件的纯粹加工时间为 230 s,求浮余率。

解:一天的作业时间=8 h=28 800 s

每件实际加工时间=28 800/100=288 s

浮余率=(288−230)/230=25.2 %

(4) 记录表法。在设备上安装记录表,记录主要作业时间,再根据比例计算出其他时间。

影响浮余率的因素有:

① 作业内容;

② 操作工人所担任的工序数目;

③ 产品的规格;

④ 前工序、中间工序、后工序;

⑤ 操作工人的技能水平;

⑥ 批量的大小。

三、标准作业时间的制定

是把某项作业分成细小的作业单元,用适当的时间测定器记录该项动作所花费的时间,制定标准作业时间或对作业进行改善。

时间测定上节已经讲述,这里主要是标准作业时间的制定。

所谓标准作业时间是指在规定的作业条件下,用规定的作业方法,具有一般水平技能的人完成某单位作业所必需的时间。

标准作业时间=纯粹作业时间+浮余时间

=纯粹作业时间×(1+浮余率)

纯粹作业时间=观测时间×评定系数

评定系数:考虑操作工人之间的差异,确定一个系数,以便对加工时间进行修正,得出标准作业时间,这种统一水平的数值,称为评定系数或水平系数。

水平系数法是将测定的时间数值,除去操作员的特性,换算成工厂标准数值的方法。这种方法认为作业速度是由熟练、努力、作业条件和一致性四个因素确定的。

(1) 技能。进行作业的技术熟练程度。

(2) 努力。反映工作的态度。

(3) 作业条件。温度、湿度、照明等。

(4) 一致性。表示在统一作业要素下的时间数值差异。

纯粹加工时间=观测时间×(1+水平系数之和)

四、制定标准作业时间的程序

确定标准作业时间这项工作不是靠少数几个人简单地到现场去测定一下就可以完成的,它是一项涉及面广、难度较大的工作,需多方联系接洽,认真准备,按步骤进行。

制定标准作业时间大致可分为以下 5 个阶段。

(1) 测定准备。在选择制定标准时间的方法前,应对下述情况进行调查:产品作业生产周期、月产量、生产方式、产品加工的连续性、作业标准化程度、作业内容、质量要求、制定标准时间的费用等。当所采用的测定方法确定后,还要选择作为测定对象的操作者,并向他们说明测定的有关事项等。

(2) 作业标准化。由于标准作业时间是在特定条件下确定的,所以作业必须先进行标准化,然后才能制定其标准时间。作业标准包括确定特定的工作环境、作业条件、作业设备、作业方法等。

(3) 选择测定方法。测定标准时间的方法很多,每种方法各有特点,要根据使用目的和测定对象的作业情况选择适当的方法。

(4) 确定宽裕率。

(5) 实施观测,确定标准时间。先进行观测,求出"观测时间";对观测时间加以评定,得出"正常时间",然后对正常时间加以宽放,得出标准时间。

标准时间始终是个基准值,有时也作为目标值。当标准时间被用于计划、管理和评价时,还要另行设定反映实际情况的系数,以此对时间值加以修正(这种经过修正的标准时间仍称标准时间)。

五、标准作业时间的修正

当运用标准作业时间制订作业计划、编排工序、进行成本核算时,必须根据实际情况加以调整和修正,使之能较真实地反映实际情况,一般是将标准时间乘以修正系数。主要的修正系数有如下几种。

(1) 管理系数。管理系数主要考虑由于管理上的原因造成的时间浪费,如下班前清扫工作地、停电、机器突然故障、待料、指导操作、联系工作等。

(2) 批量系数。企业采取多品种轮番生产,一次生产的批量较少,这类作业的操作工人常常是还没有完全熟练生产就结束了,这就要用比标准时间还要多的时间,因此,需用批量系数加以修正。

(3) 小组作业系数。多人一起工作的小组作业或流水作业时,要想把各个操作者的工作负荷安排得非常均衡是很困难的,必然会发生一部分等待时间,这就要用小组作业系数加以修正。

(4) 干涉系数。在一名操作者同时操作两台机器时,往往会发生机器已经完成加工,而等待操作者去拆卸或装上另一加工件的现象,这种因等待操作者的行为所引起的机器停止时间,称为机器干涉时间。反之,因等待机器加工所引起的操作者空闲的时间,称为人的干涉时间,对此进行修正就要用干涉系数。

第十章 服装的质量管理

第一节 基本概念

一、质量

1. 产品质量

产品适合一定用途、满足消费者使用需要所具备的特性。产品质量指标是反映产品质量的特性值,具体包括:

(1)性能指标。是就用途而言所具有的技术特性,它反映产品的合用程度,决定产品的可用性,是最基本的一类指标。

(2)寿命和可靠性指标。产品的寿命是指产品能够按规定的功能正常工作的期限;产品可靠性是指产品在规定的时间内和条件下,能完成规定功能的能力。

(3)安全性指标。它是反映产品使用过程对使用者及周围环境安全、卫生的保证程度。

(4)经济性指标。这类指标反映产品使用过程中所花费的经济代价的大小(包括生产率、使用成本、寿命期、总成本等)。

(5)结构合理性指标。反映产品结构合理的程度。

2. 工程质量

企业为保证生产合格产品而应具备的全部手段和条件所达到的水平。

3. 工作质量

指企业全体成员的经营管理、技术和生产等全部活动,对稳定生产合格品和不断提高产品质量的保证程度。

4. 三者之间的关系

工程质量是物质基础,是产品质量的物质保证;工程质量的改善依赖于工作质量的提高;工作质量是产品质量的保证;产品质量是工程质量和工作质量的综合反映。

二、质量管理

1. 质量管理

指工业企业为保证和提高产品质量和工作质量所进行的质量调查、计划、组织、协调、控制、信息反馈等各项工作的总和。

2. 质量管理的发展过程

(1) 质量检验阶段(20世纪20年代初~40年代)。也叫事后检验阶段。这一阶段的特点:

① 管理的对象仅限于产品质量;

② 管理的范围限于加工现场;

③ 管理的方法以事后把关为主,主要用技术检验方法,重在规格符合性;

④ 管理主要依靠少数检验人员。

优点:保证产品质量、防止不合格产品出厂。

缺点:属事后把关;全数检验,无法进行破坏性检验;不能预防和控制废品产生。

(2) 统计质量管理阶段(40年代~60年代)。运用抽样验收原理。这一阶段特点:

① 管理的对象包括产品质量和工序质量;

② 管理的范围包括生产加工现场和设计过程;

③ 管理的方法以把关和部分预防相结合,主要用统计方法,按既定质量标准控制质量;

④ 管理依靠技术部门、检验部门等单位进行。

优点:事后把关,又受设计加工过程的控制;保证产品质量。

缺点:忽视了其他过程;忽略人和其他组织因素。

(3) 全面质量管理阶段(60年代至今)。以全面质量管理为目标,有一整套质量保证体系,广义的、全过程的、全员的、科学的质量管理。本阶段特点:

① 它所管理的质量,是广义的质量,即不仅包括产品质量,还包括质量赖以形成的工作质量;

② 它所管理的范围是全过程,是包括产品设计、制造、辅助生产、供应服务、销售直至使用的全过程的质量管理;

③ 参加质量管理的人员是企业全体人员,是全员性的、群众性的质量管理;

④ 管理的方法是系统的科学方法,主要指建立健全一套质量保证体系,

采取各种管理技术和方法,包括科学的组织工作、数理统计法的应用、先进的科学技术手段和技术改造措施等。

全面质量管理体现以下要求:

(1) 防检结合,以防为主,重在提高,它把管理重点从事后检验产品质量,转为控制生产过程质量,从管"结果"发展到管"原因";

(2) 以下道工序为"用户",上道工序为下道工序服务,形成一个相互协调、相互促进的质量管理有机体系;

(3) 根据产品质量的波动规律,应用数理统计的方法控制,把定性管理上升到定量管理,用数据表示质量管理情况,为质量管理提供科学依据。

质量管理活动标准化。质量管理全过程的各个环节在一个统一的、系统的、互通情报、协同动作、始终按计划——实施——检查——处理的循环过程,周而复始地进行,使质量提高。全面质量管理的一切活动都以为用户服务作为指导思想,以提供用户满意的产品和服务为主要目标。

全面质量管理表现:

(1) 以防为主;

(2) 体现服务意识,以下道工序为用户;

(3) 用数理统计方法加强质量控制;

(4) 质量管理活动标准化。

3. 服装厂质量控制现状

(1) 机构建立。尤其是出口服装厂,成立了以正厂长直接领导的独立的质检科,质检科有质量否决权,质检科成员系全厂质检岗位上的技术人员和检验工。这些人员分布在各车间、班组,行政、业务均直属质检科,所在车间、班组不与其直接联系,工资、奖金均不挂钩,这样有利于质检人员坚持原则。

(2) 质量检验方法。服装企业大都采用以下质检方法:

① 预先检验。加工前对原、辅料的检验(掌握缩水率、辅料质量)。

② 中间检验。产品加工过程中,上、下道工序自查、互相监督、班组检验员的巡回流动检验相结合。

③ 完工检验。全部工序加工完毕的成品检验,通常考核合格率、返修率。

④ 成品复检。成品包装前,对每件产品进行复检,考核一级品率,合格品率。

⑤ 抽样检验。在成品库按国家标准,每批产品 500 件以下抽 10 件,抽验一次不合格,再抽 10 件,两次不合格即为不合格批,通常考核漏检率。

三、全面质量管理的基本内容和主要方法

1. 基本工作内容

(1) 市场调查。市场调查过程中要了解用户对产品质量的要求以及对本企业产品质量的反映,为下一步工作指出方向。

(2) 产品设计。产品设计是产品质量形成的起点,是影响产品质量的重要

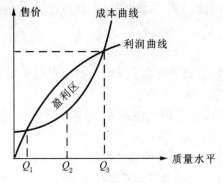

图 10 – 1　质量与售价之间的关系曲线

环节,设计阶段要制定产品的生产技术标准,为使产品质量水平确定得先进合理,可利用经济分析方法。这就是根据质量与成本及质量与售价之间的关系来确定最佳质量水平。图 10-1 中两条曲线说明了它们之间的关系。

(3) 采购。原材料、辅助材料的质量对产品质量的影响是很显然的,因此,要从供应单位的产品质量、价格和遵守合同的能力等方面来选择供应厂家。

(4) 制造。制造过程是产品实体形成过程,制造过程的质量管理主要通过控制影响产品质量的六大因素, 即操作者的技术熟练水平、设备、原材料、操作方法、检测手段和生产环境来保证产品质量。

(5) 检验。制造过程中同时存在着检验过程。检验在生产过程中起把关、预防和预报的作用。把关就是及时挑出不合格品,防止其流入下道工序或出厂,预防是防止不合格品的产生;预报是产品质量状况反馈到有关部门,作为质量决策的依据。为了更好地起到把关和预防等作用,同时要考虑减少检验费用、缩短检验时间,要正确选择检验方式和方法。

(6) 销售。销售是产品质量实现的重要环节。销售过程中要实事求是地向用户介绍产品的性能、用途、优点等。防止不合实际地夸大产品的质量,影响企业的信誉。

(7) 服务。抓好对用户的服务工作。如开始咨询活动以及时处理出现的质量事故。为用户服务的质量影响着产品的使用质量。

2. 基本工作方法——PDCA 循环法

P(plan)是计划阶段,D(do)是执行阶段,C(check)是检查阶段,A(action)是处理阶段,PDCA 循环是美国质量管理专家戴明博士最先总结出来的,所以又称戴明环。

(1) P 阶段有四个步骤

① 分析现状,找出所存在的质量问题;

② 找出产生问题的原因或影响因素;

③ 找出原因(或影响因素)中的主要原因(影响因素);

④ 针对主要原因制定解决问题的措施计划。

(2) D 阶段有一个步骤

根据预定目标和计划组织执行,力求实现。

(3) C 阶段有一个步骤

检查措施计划实施结果,衡量和考察取得的效果,找出问题。

(4) A 阶段有两个步骤

① 总结成功的经验和失败的教训,并纳入有关标准、制度和规定,巩固成

绩,防止问题再度出现;

② 将本次循环中遗留的问题提出来,以便转入下一循环去加以解决。

（5）PDCA 循环的特点

① 按一定顺序形成一个大圈,按着四个阶段不停地转,如图 10-2。

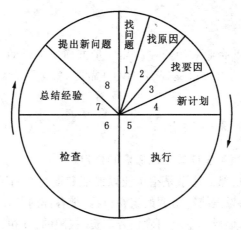

图 10-2　PDCA 循环示意图

② 大环套小环。PDCA 作为一种科学的方法适用于企业各方面的工作,因此整个企业的工作是一个大的 PDCA 循环,各级部门又是 PDCA 小循环,大循环是小循环的根据,小循环又是大循环的组成部分和实现的保证。如图 10-3 所示。

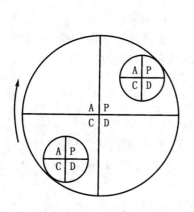

图 10-3　大环套小环示意图

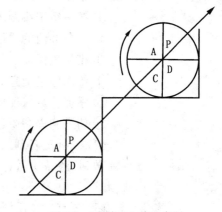

图 10-4　循环上升示意图

③ 逐级上升,循环一次,上升一次,即解决一批质量问题,使产品质量和工作质量达到一个新的水平。不断循环,质量不断提高。如图 10-4 所示。

④ 处理阶段是关键。为了保证 PDCA 循环有效地开展下去,就必须总结经验,巩固成绩,纠正错误,吸取教训,才能使每经过一个工作循环质量水平稳定到一个新的水平上。没有处理就没有提高。从这个意义上讲,处理阶段是推动 PDCA 循环的关键。

第二节　服装质量保证体系 ·····························

一、质量保证

生产企业对用户在产品质量方面所提供的担保，保证用户购得的产品在寿命期内质量良好,性能、可靠性、安全性、经济性等符合规定要求,使用正常。

二、质量保证体系

1. 质量保证体系的概念和作用

质量保证体系是指企业以保证和提高产品质量为目标,运用系统的原理和方法,设置统一协调的组织机构,把各部门各环节的质量管理职能严密地组织起来,形成一个有明确任务职责、权限的、互相协调、互相促进的质量管理有机整体。

2. 质量保证体系的内容

(1) 要有专职的质管机构。为了使质量保证体系能卓有成效地运转,使企业各部门的质量职能充分发挥,就需要建立一个负责组织协调、督促、检查、指导等工作的专职质量管理部门来作为质量保证体系的组织保证。质量管理专职部门的主要作用有:

① 统一组织协调质量保证体系的活动;

② 对各部门的质量职能保证任务进行经常性的检查和监督;

③ 把质量保证的各方面活动纳入计划轨道;

④ 组织质量信息的流通和传递;

⑤ 掌握质量保证体系的动态;

⑥ 研究和提高质量保证体系的功效。

(2) 要规定各部门的质管权限、任务和职责。只有进行这样的落实,才能保证做到"产品质量,人人有责",避免由"人人有责"而可能导致的"无人负责"状况。

(3) 要有一套质管的业务标准和工作程序。质量管理业务的标准化,质量管理工作流程的程序化,可以使质量管理工作按科学规律办事,避免职责不清,相互推诿扯皮,所以它是质量保证体系的重点内容,是重要的基础工作,必须做好。

(4) 设置灵敏高效的质量信息反馈系统。质量信息系统是质量保证体系的神经系统,是体系正常活动的必要条件,只要体系有活动必须伴随着有信息的传递和产生。质量信息的反馈分厂外反馈和厂内反馈,前者是市场或用户向生产产品的企业进行质量信息反馈,后者是企业内部质量信息的流通和传递。如创造过程向设计过程反馈信息、下道工序向上道工序反馈信息。只有保证信息反馈系统准确、及时、全面地进行信息传递和反馈，才能使质量体系活动时时处处都有所依据。

(5) 组织外协厂的质量保证活动。要保证产品质量,必须要求外协厂的产品质量保证。也就是说需要把外协厂的质量保证活动纳入到中心厂的质量保证体系之中,建立"产品一条龙",才能全面保证产品质量,不然,尽管自己制造的那部分质量很好,也不能保证整个产品的质量。

(6) 开展质量管理小组活动。质量管理小组简称 QC 小组,它是指以保证和提高产品质量或工作质量为目标的,围绕现场存在的问题,由企业职工自愿结合的,开展质量管理活动的三人以上的小组。

(7) 要有一个明确的质量目标。质量保证体系的活动都围绕着达到质量目标展开的。

3. 质量保证体系的建立

(1) 直接建立整个企业的质保体系;

(2) 先建立某种产品或部门的质保体系,然后由线到面,建立全厂的质保体系;

(3) 先建立某工序的质保体系,然后由点联面,建立全厂的质保体系。

建立质量保证体系并不是目的,而是要很好地运转起来,以提高我们质量工作的成效,质量保证体系建立起来并不等于它已完善,还必须按照 PDCA 循环不断运转,在运转中不断地得到改进和完善,通过不断改进质量保证体系的活动,从而促进产品质量的不断提高。

第三节 服装质量控制 ....

一、质量控制

指与产品有关的全过程始终处于受控状态,以预防为主,不使产品质量产生问题或者发现了问题也能在生产过程得以纠正,不使其造成不良后果。

二、服装厂质量控制内容

1. 裁剪质量控制

(1) 裁剪准备工作的检查;

(2) 画样质量检查;

(3) 铺料质量检查;

(4) 开刀裁剪质量检查;

(5) 裁片质量检查。

2. 缝制质量控制

(1) 工艺卡的建立和使用；

(2) 缝纫工具和夹具的正确使用；

(3) 统一操作技术规范；

(4) 严格控制工序质量；

(5) 控制各工序质量返修率。

3. 六道检验把关制度

(1) 不合格原辅材料不进仓；

(2) 不合格的原料不裁剪；

(3) 不合格的裁片不发片；

(4) 不合格的在制品不往下流；

(5) 不合格的成品不包装；

(6) 不合格产品不出厂。

4. 次品隔离制度

为避免废次品与合格品、优质品混在一起,影响企业质量信誉,特作如下规定：

(1) 检验操作台旁设废次品专放箩筐。

(2) 经检验发现可以返修的副次品,登记以后退回原生产车间、小组返修,返修后再次检验合格的产品,才可以放在合格品处,并在返修登记一栏中注销。

(3) 对不能返修的废品,填写产品报废单,通知所在车间、小组重做补上。

(4) 对外单位退回的废品的处理,由厂检跟踪解决,不使其流入正品之中。

5. 质量与经济挂钩

实行质量与经济挂钩,班组全额计件与产品质量挂钩。

(1) 实物质量分平均为 95 分以上,返修率低于 2%,为一级品,可以百分之百的领取规定的工时价格。

(2) 实物质量评分满 100 分,产品无返修,为优质品,其工时价格可以上浮 20%。

(3) 实物质量评分为 90~95 分,返修率为 2%~5%,为合格品,其工时价格要下浮 20%。

(4) 实物质量评分在 90 分以下,返修率在 5%以上,应责令停止生产,限期改进。

6. 实行厂检质量责任制

厂检就是负责产品出厂前具体检验工作的专职检验人员,厂检的主要权力和责任有：

(1) 由于厂检具有较大的权力和责任,理应受到有力的支持；

(2) 厂检必须对企业产品质量全面负责；

(3) 全面协调；

(4) 全过程检查；

(5) 厂检有权阻止不合格的原辅材料投入生产；

(6) 厂检参与重大技术质量问题的分析与对策。

三、质量数理统计分析方法

1. 分层法(又叫分类法、分组法)

分层法是将搜集来的数据根据不同的目的,按其性质、来源、影响因素等加以分类和分层研究的方法。例如男衬衫质量调查表,见表10-1。

表10-1 男衬衫质量调查表

序 号	质量问题名称	件 数
1	上领左右不对称	13
2	领面织疵	10
3	下摆窄宽	5
4	钉袋过针	4
5	商标钉歪	3
6	袖口打裥进出	3
7	下领接线双轨	2
合 计		40

2. 排列图法(又叫主次因素排列图)

排列图法是质量管理工作中常用的一种统计工具,是找出产品质量主要因素的一种简单而又有效的方法。见图10-5主次因素排列图。制图步骤：

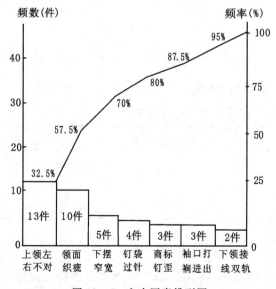

图10-5 主次因素排列图

(1) 决定数据的分类项目；

(2) 确定某一时间,收集数据；

(3) 按分类项目收集数据；

(4) 画出横轴、纵轴；

(5) 数据按从大到小顺序,画出直方形；

(6) 用折线画出累计百分率；

(7) 确定主次因素。

3. 因果图法 (又叫树枝图、鱼骨图)

因果图由特性、原因和枝干构成，可以表示因素之间的纵向的因果关系。见图10-6袖子止口宽窄因果图。

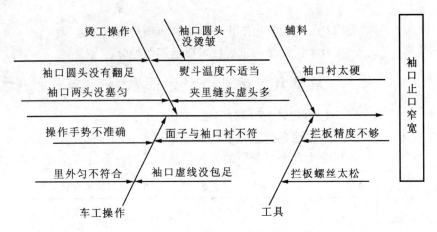

图 10 - 6　袖子止口宽窄因果图

4. 调查表法(即统计分析表、检查表、核对表)

(1) 缺陷位置调查表,只对重要位置标出,见表 10-2。

表 10 - 2　缺陷位置调查表

缺　陷	备　注
	上领左右不对称

(2) 不合格原因统计调查表见表 10-3。

表 10 - 3　不合格原因统计调查表

项　目	原　因
领面疵点	面料织疵
服装表面泛黄	熨斗过热

(3) 不合格项目分类调查表见表 10-4。

表 10 - 4　不合格项目分类调查表

品　名	项　目	
	上领偏斜	袖口宽窄不一
男衬衫	3	5
女衬衫	4	2

5. 直方图法

直方图直观地表达了长度、质量、时间、硬挺度等测量数据的分布规律,通过绘制直方图,能使难以理解的数据变成简明易懂的整体概貌,而且可以知道大体的平均值及不匀的程度。见图 10-7、10-8 直方图。步骤:

（1）对测定数据分组。组距=(最大样本数据－最小样本数据)/组数

（2）整理各组数据的频数。

（3）以组距为底边,以频数为高做直方块,绘出直方图。

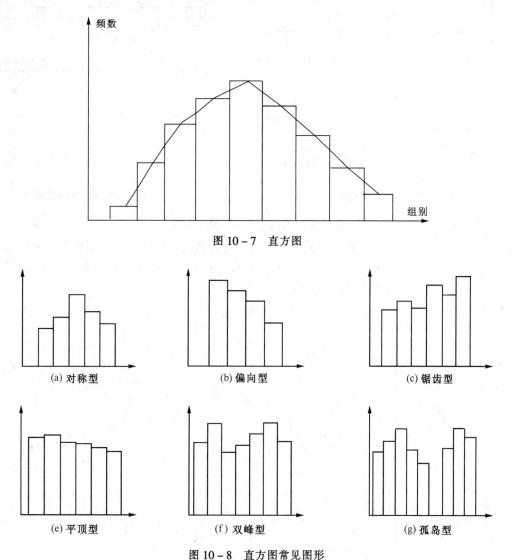

图 10－7　直方图

图 10－8　直方图常见图形

6. 控制图(又叫管理图、监视图)

控制图是画有控制界限的一种图表,是预报工序中存在影响工序质量的异常原因的一种工具。

作用:反映质量的稳定性;察觉质量的缓慢变迁;进行质量评比。

图 10-9 为单控制图,图 10-10 为缕合机温度双控制图。绘图步骤:

（1）取横轴坐标为测试序号或时间,纵坐标为质量特性值。

（2）平行于横坐标设一中心线,作为标准线。

（3）在中心线上下设极限。

（4）在极限线内设控制线。

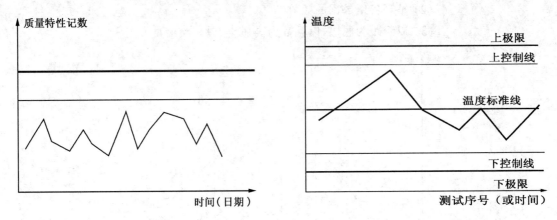

图 10-9　单控制图　　　　　　　　图 10-10　缕合机温度双控制图

7. 相关图(又叫相关分析法、散布图)

　　收集有对应关系的两种变量数据，将两种数据分别按横坐标与纵坐标的对应关系标出，根据作点的图表观察特性与要因之间是否存在相关关系。相关图的形式见图 10-11。

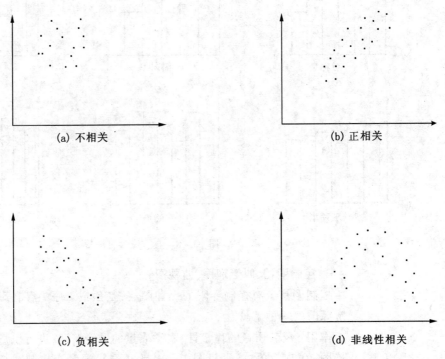

图 10-11　相关图

第四节　服装质量检验及标准 . . . .

一、质量检验

1. 概念

用理化分析、官能判断等方法,对原材料、半成品、在制品、成品等进行测定,并与产品技术标准进行比较,判断被检对象是否合格,据此决定被检对象能否投产、能否转入下一道工序或能否出厂等的技术业务活动。

2. 服装质量检验的工具、内容

(1) 服装质量检验的工具

服装企业常用的计量工具有公尺或钢制直尺、钢卷尺、市尺、皮尺(软尺)、弯尺、疵点照相设备、比色卡。

(2) 服装质量检验内容

① 原、辅料及外购物的检验;

② 生产设备的检验;

③ 量具、退色样的检验;

④ 生产环境的检查;

⑤ 工艺过程的监督和检查;

⑥ 生产过程中直接对产品本身进行检验。

3. 服装质量检验的方式

(1) 按工艺阶段划分的检验方式

① 预先检查。检查供本车间加工用的原料、辅料的色泽、疵点、质地、自然收缩等性能是否符合技术标准,半成品的形状、尺寸是否正确。

② 中间检查。是在本车间内对半成品加工过程的检查。

(2) 按检查地点划分的检查方式

① 固定检验。是在固定的地点由操作人员把产品送来检验的一种方式。

② 流动检验。由检验人员定时到工作地去检验的一种方式。

(3) 按照检查数量划分的检验方式

(1) 普遍检查。对每件产品逐一进行检查,以保证产品的质量。

(2) 抽样检查。在所有产品中随机抽取部分进行检查。

二、标准概述

1. 标准和标准化

(1) 标准是衡量事物的准则,为了取得国民经济的最大效益,在总结经验和充分协商的基础上,由一定的权威组织对经济、技术和科学实践中重复出现

的共同的技术语言和技术事项以及产品的品种、质量、度量、方法等作出统一规定,并经过公认的管理机构批准,成为标准。

(2) 标准化就是以制订标准和贯彻标准为主要内容的全部活动过程。

2. 标准体系

标准的种类很多,按标准性质、对象划分,可以分为技术标准、管理标准和工作标准。

(1) 技术标准

① 基础标准。是指生产技术活动中最基本的、具有广泛指导意义的标准。

② 产品标准。是指对某一大类产品(或特定产品)的分类、造型款式、规格尺寸、技术要求、材料性能、等级划分以及检验、包装、贮运、使用、维修等方面所作的统一规定。

③ 方法标准。在服装工业生产中根据产品加工工艺的特点,把加工工艺过程、工艺要素和有关工艺文件等通用性强的技术要求,结合具体情况加以综合统一而形成的标准。

④ 安全与环境保护标准。一切有关设备与人身安全、卫生以及保护环境的专用标准都归入这一类。

(2) 管理标准

① 管理工作程序(流程)标准。对管理工作的程序或路线所制订的标准。

② 管理业务标准。对管理业务、管理事项要求所制订的标准。

③ 管理制度。如进行管理工作而制订的一整套管理规定和规则,它是管理标准的一种形式。

(3) 工作标准

工作标准是对某项管理工作或服务工作达到的部分或全部工作要求、工作质量(包括服务质量)等所制订的标准。

3. 标准使用范围

标准体系中按标准使用范围和审批权限划分,在国际范围内通用的有国际标准、区域标准,在国内范围使用的有国家标准、行业标准、地方标准和企业标准。

(1) 国际标准。由国际标准化组织采用的标准或国际标准化团体采用的规范,国际标准化组织简称 ISO。

(3) 区域标准。世界某一区域标准团体采用的标准或区域标准化团体采用的规范。

(3) 国家标准。根据全国范围内统一的需要,由国家标准化主管机构批准、发布的标准。

(4) 行业标准。根据某专业范围统一的需要,由行业主管机构对没有国家标准而又需要在全国某个行业范围内实行统一的技术要求,可以制订行业标准。

（5）地方标准。对没有国家标准和行业标准而又需要在省、自治区、直辖市统一的工业产品的安全、卫生要求，可以制订地方标准。

（6）企业标准。企业生产的产品没有国家标准、行业标准以及地方标准的，应当制订企业标准，作为组织生产的依据。

第五节　ISO9000 系列国际标准 ....

一、ISO9000 系列国际标准

是国际标准化组织质量管理和质量保证技术委员会(TC176)于 1987 年颁布的质量管理和质量保证系列标准。

二、ISO9000 系列国际标准的组成

1. ISO9000—X 指南

为整个 ISO9000 族中的标准的选择和使用提供指南，也涉及了某些单一的主题。

2. ISO9001、ISO9002、ISO9003 质量保证模式

这些模式对产品供方的质量体系提出了要求，适用于合同情况和第三方认证。

3. ISO9004—X 指南

为各行业实施适宜的质量管理或在质量体系中实施适宜的体系要素提供指南。

4. ISO100XX；要求/指南

提供了实施质量体系所用的支持性工具和技术。

5. ISO8402 质量管理和质量保证——术语，1994

作为唯一的术语标准，ISO8402 定义了与质量管理有关的术语。

三、ISO9000 系列主要标准简介

1. ISO9000—1

质量管理和质量保证标准——第一部分：选择和使用指南
该标准提供了 ISO9001、ISO9002、ISO9003 的选择指南，它重点强调了：
——满足顾客的要求；
——确定职责；
——评估潜在的风险和收益；
——为顾客澄清所选用标准的使用范围；

——实施所选用标准帮助实现公司的质量方针。

2. ISO9001

质量体系——设计、开发、生产、安装和服务的质量保证模式。

该标准规定了质量保证模式,它适用于要求产品设计/开发的场合,要求供方通过该模式证实其在产品开发、设计和相关的生产、安装和服务中的能力,得到顾客的信任。

3. ISO9002

质量体系——生产、安装和服务的质量保证模式。

该标准适用于第三方认证与合同情况,对产品、服务和售后服务提出了规定的要求。

4. ISO9003

质量体系——最终检验和试验的质量保证模式。

该标准适用于第三方认证与合同情况,供方应证实(提供证据)最终检验和试验满足规定要求。

5. ISO9004—1

质量管理和质量体系要素的第一部分:指南

该标准为各种行业企业建立和实施质量体系提供指南,其宗旨是使顾客满意。

6. ISO8402

质量管理和质量保证——术语

该标准给出了产品、过程和服务的质量管理的基本术语和定义,适用于依据 ISO9001,ISO9002,ISO9003 和 ISO9004—1 建立和实施质量体系。此外,它还确保了在国际交流中的共同理解。

第十一章　服装成本管理

第一节　服装成本及成本管理

一、基本概念

产品成本是服装制作过程中耗费的生产资料价值、管理费用及支付给作业人员劳动报酬等价值的货币表现。

产品成本核算。购买面辅料和安排生产之前,生产商必须对成衣的各个组成部分的成本预算十分精确。如果事先没有仔细计算,就算销售很好也不一定带来利润。设计师设计出服装后,只能有大致的成本估算,但在正式投产之前,这些估算就必须转换成确切的成本核算。只有经过准确的计算,生产商才能向零售商提供合理的报价。

产品成本包括:面辅里料成本、饰物辅料成本、人工费成本、运输成本、分销费用。

服装工厂生产的产品供给市场时,必须具有质量和数量的保证,同时应按时交货。作为用户,人们总想购买"价廉物美"或者自己喜欢的服装产品。

成本管理有两种方法:一是生产大宗产品,以降低成本为目标;二是生产优质高价产品,以维持标准成本为目标。

通常,质量高的产品,成本也高。为了使产品畅销,必须提高质量,这时成本会增加,而售价要提高则比较困难。生产产品的每一位工作人员,若从一开始起就进行正确的操作,合理的组织,这样不用花费额外的费用就能生产出优质产品,又能达到降低成本的目标。这是一种用低成本制作优质产品的有效方法。

成本管理是在企业经营方针的指导下，贯彻执行本部门制定的降低成本或维持标准成本的目标并使之实现的一种手段。

二、成本管理的方法

所谓成本管理就是在保证质量的前提下，以降低成本或维持标准成本为目的，根据成本计算的方法和组织原则将所掌握的成本方法加以灵活运用，推动生产经营活动的合理化。为了使工厂通过成本管理获得更多的利润，应努力做到以下几点。

(1) 开展成本预测，确定标准成本，编制成本计划；

(2) 进行成本控制；

(3) 准确、及时地核算产品成本；

(4) 开展成本分析与考核。

上述周而复始形成的成本管理系统，即是"PDCA"在成本管理中的应用。

在服装生产中，首先应调查成本。如果成本过高，应采取降低成本的方法，用合适的成本生产合格的产品。而现行的生产多数情况是凭直觉和经验进行成本估算或推测的，体现的是一种大致的标准。在商品经济指导下的社会活动中，由于市场竞争激烈，降低产品成本有着更为重要的意义，这是服装工厂获取利润的重要手段之一，是成本管理。

第二节　服装产品的成本分析和计算......................

在服装产品成本分析和计算时，会出现各种费用的名称，对此应全部列出，划分到所属区域，明确做到：

(1) 使用的是哪一种成本要素(成本三要素)；

(2) 使用部门(各部门成本)；

(3) 具体产品的费用(不同产品的成本)。

成本分析和计算时，首先以成本三要素对服装产品成本进行分类、统计、计算，接着按各部门责任区域进行成本计算，各部门应按成本的承担责任范围进行分类、统计、计算。

一、成本三要素的内容

1. 材料费

(1) 直接材料费。面料费，里料费，衬料费，缝线费，附属品费。

(2) 间接材料费。缝纫机油费，缝纫机针，缝纫机零件等易耗物品备用费。

2. 劳务费

(1) 直接劳务费。计件工资，计时工资。

(2) 间接劳务费。间接工资，临时工资，休假日工资，退休、退职金，奖金、津贴,健康保险金,法定福利费,其他费用。

3. 制造经费

(1) 直接经费。工艺卡制作费,样品试制费,专利费,外协作加工费,设备租赁费。

(2) 间接经费。福利卫生费,折旧费,租金,煤气、电、水费,保险费,税金,旅游、交通费,通信费,易耗工具费,事务用品费,修缮费,搬运费,交际费,杂费,保管费,仓储损耗费。

二、成本三要素的掌握方法

1. 材料费的掌握方法

服装生产中,服装材料进厂的渠道有两种:一种是从面料到各种辅料均由工厂自行采购获取;另一种方式是由定货单位供给生产工厂实物材料,工厂本身并不采购面、辅料,只进行来料加工。后者直接材料费往往只有缝纫线费用一项。

(1) 购买服装材料的场合

由于购买面、辅料要耗费材料费,因此应按材料种类,将有关费用记录到"材料费结算账单"中去。购入的服装材料先放入仓库保管,裁剪车间需要用料时,可领取材料。当裁剪作业结束后,留有余料时,应以此为依据进行单据修改。同时将多余的布料送回到仓库,以便对使用的服装材料成本进行精确的计算。

(2) 来料加工的场合(购买缝纫线)

这时材料费的计算因数量少,若以出库单方式进行计算将显得非常困难。为此,可将一定时间内开始时的缝线在库量和期中购买的数量进行合计,并了解最后的在库量,由此得到的差值作为这段时间内的缝线消费量。

2. 劳务费的掌握方法

劳务费可分为直接劳务费和间接劳务费两种。

直接劳务费分为:裁剪工人的工资、缝纫工人的工资、整烫工人的工资。间接劳务费包括保全工、织补工、搬运工等间接工作人员的工资以及工厂干部、办事员及其他管理人员的工资。计算时,可根据作业时间报表再乘上工资比例就能计算出工资金额。

3. 制造经费的掌握方法

根据某一时期内使用经费的统计,可掌握制造经费的有关内容。在制造经费中,作为与设备有关的费用包括直接经费中的租金及间接经费中的折旧费、土地租金、修理费、电费等等。

三、直接费和间接费

成本内容中与生产产品直接有关的费用叫直接费,与生产产品间接有关的费用叫间接费。直接费包括材料费、工资等劳务费以及外加工费等等。

间接费与每一个产品无直接关系,它是对全体适用的费用。缝纫机油等辅助材料费、间接工作人员的工资、科室人员的劳务费、折旧费等均属间接费。直接费和间接费在上述的成本三要素中均存在。这种区分方法在降低成本时起到了积极的作用。

成本计算时的直接费用和间接费用根据情况可按一定比例分配,如图11-1,成本计算一般分为三个阶段,中、小工厂企业可省略部门分类计算这一项,理由是间接费若按部门计算非常复杂。这时可以不按部门分类计算,而以整个工厂为一单位总体进行计算,然后再按产品类别以一定比例分摊到该产品种类所应承担的间接费。

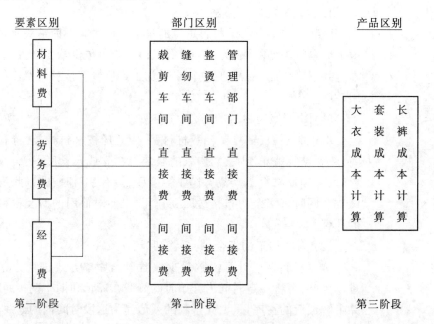

图 11-1　成本计算的三个阶段

四、按部门计算成本

服装产品生产加工时成本核算有以下两类部门:

直接制造部门——裁剪部门、缝纫部门、整烫部门;

间接制造部门——工厂管理部门、检验部门、研究开发部门、仓储部门、外加工部门、总务部门等。

五、按产品种类计算成本

成本计算的第三阶段是按产品分类的方法。产品按种类计算成本的方式如下:

(1) 个别成本计算。订货为多品种小批量方式时,宜采用个别成本计算。

(2) 综合成本计算。适用于同类产品大批量生产的成本计算。

第三节　服装标准成本的制定 ....

通过成本分析和计算,能有效地掌握成本的内容,同时,通过本节标准成本的制定,能促使服装产品工艺规格和作业工序处于比较稳定的状态。在服装产品中,有男女西装、学生服、运动服、童装等不同款式品种,为此,管理对象以分类产品的标准成本为目标,同时应根据不同的生产条件,按部门设定标准。在管理过程中,有关的措施应直接面向作业现场和每个具体的作业工人,这时可在车间内设立若干责任区域(标准成本的制定单位),并将详细分解后的产品工序划归有关的区域。

一、标准成本的设定

确定标准成本可按下述顺序进行:
(1) 设定标准;
(2) 将标准与实际值比较;
(3) 调查两者差异的原因;
(4) 努力减少两者的差异。

标准成本由各责任单位负责人负责制定,标准成本中的标准内容可按下述方法设定:
(1) 数量标准
① 标准材料消费量;
② 标准工时数。
(2) 价格标准
① 标准材料单价;
② 标准费用率及标准经费率。

其中,标准工时数的确定是以标准时间作为基础设定的。这种标准成本制定后能使产品规格和作业工序向比较稳定的方向发展。

二、标准成本差异的控制

利用标准成本进行生产控制的主要内容如下:
(1) 确定各工序区域的负责人,由每一责任区域单位制定标准成本。
(2) 将标准与实际值进行比较,控制两者的差异。

第四节　服装产品成本控制 ....

一、降低成本的要素

1. 生产要素

(1) 作业工人；

(2) 材料(面、辅料等)；

(3) 机器及设备(铺料台、裁剪机、缝纫机、熨斗、熨烫机、锅炉、空气压缩机、人体模型等)；

(4) 附属装置和工具；

(5) 作业方法；

(6) 检验(验布、中间检验、成品检验)。

2. 生产目标

(1) 质量优；

(2) 成本低；

(3) 交货快；

(4) 操作舒适、安全。

3. 作业条件的标准化

主要是制订作业标准。作为服装工厂,至少要对基本产品种类制订作业标准。

4. 作业目标的设定

应考虑作业方法、作业时间以及作业人员的技能熟练程度进行设定,使生产按计划执行,不能放任自由。

5. 掌握生产能力

人员能力 = 折算人数 × 实际工作时间 × 出勤率

机器能力 = 机器台数 × 有效运转时间

6. 管理小组的作用

将标准成本与实际成本作比较,未能达到标准时,应通过小组活动,寻找产生的原因,提出改进意见,使差距缩小,并不断降低成本。

二、按成本要素降低成本的方法

1. 降低材料费的方法

(1) 防止裁剪和缝纫加工时出废品；

(2) 降低购买价格；

(3) 改进样板和规格；

(4) 尽量利用剩余材料；

（5）减少辅助费用。

在降低材料费的方法中，"价值分析"（即 VA）已被广泛应用，它以产品性能不变为前提，以最低经济成本为目标。

2. 降低劳务费的方法

标准成本中有关的劳务费是以作业效率为尺度进行管理的。降低劳务费，将使劳务费中的固定费用能有效利用，重点在于提高作业人员的效率。

（1）在生产现场提高附加价值和效率；

（2）明确作业效率责任。

3. 降低制造经费的方法

（1）充分利用设备和建筑物，使之提高效率。在节约经费的同时，应考虑改变制作方法，完善体制，使固定制造经费的费用合理并逐步减少。

（2）在变动经费中，尽量设法节约动力、燃料费是很重要的。但要注意，有时过分节约会引起经营无力或出现消极现象。

三、用替代方案降低成本的方法

具有某种功能产品的制作方法决不止一种。如产品成本高而需要降低成本时，应考虑产品的不同制作方式，从中选择合适的加以应用。为了寻找最经济的制作方法，可以撇开现有的制作方法，用其他方法试做，然后与现有的成本相比较，以寻找最佳的方案并采用。

浪费的最大现象可以认为是"过多制作的浪费"。为了消除这一现象，可采取后工序到前工序取"必要的产品"，按"必要的时间"、"必要的数量"进行加工的方法。

第十二章　服装厂基本建设

第一节　服装工厂基本建设概述

一、基本建设概念

基本建设属固定资产再生产范畴,是社会生产的重要组成部分。凡形成固定资产的经济活动过程,均属基本建设。

基本建设是指部门固定资产的再生产。基本建设所需资金,来源于生产过程中的积累和固定资产消耗所形成的折旧费用。故积累和折旧形成固定资产的经济活动过程都属基本建设。

二、基本建设分类

基本建设可分为新建、改建、扩建和恢复项目。新建项目,指从无到有的全新项目;扩建项目,指在原有基础上,为了扩大生产能力或增加产品品种而建设的补充项目;改建项目,指原有项目已不适应当前需要,为了改变产品方向或提高产品质量,对原有生产设施进行技术改造或者为此而增建一些辅助性车间与非生产性项目的基本建设项目;恢复项目,指对因自然灾害或战争而损坏的原有项目进行重建,恢复到原来生产规模的基本建设项目。

基本建设按其投资在国民经济各部门中的用途,分为生产性建设和非生产性建设(又叫消费性建设)两大类。

基本建设的投资分为三部分:

(1) 建筑安装工程费用,包括建筑工程和设备安装工程两部分;

(2) 设备、工具购置费用;

(3) 其他费用，凡不属以上两类的，均归入这一类。

三、基本建设的规模

建设项目按建设总规模和总投资的大小，分为大、中、小型项目。

各个行业的具体划分标准不同。一般生产单一品种的企业，按产品设计能力来划分；生产多品种的企业，按其主要产品的生产能力来划分；难以按生产能力来划分的项目，按其全部投资额来划分。

四、基本建设布局

(1) 正确处理沿海与内地的关系

利用内地丰富的资源，结合沿海地区较强的技术力量及便利的协作配合，发挥作用，为国民经济发展作出更大贡献。

(2) 正确处理原料产地与消费市场的关系

在服装面、辅料基地建厂，易于根据市场需求组织生产，以销定产，以产定建；生产日常生活便服时，可建在面、辅料生产地区；生产高档产品或外贸产品，要以市场为主，建厂选址。

(3) 正确处理经济发达与落后地区的关系

经济发达地区，建设速度快，取得好的经济效果，更利于积累资金，支援经济建设，支援落后地区。落后地区要加速发展，赶上经济发达地区，但要从实际出发，量力而行，在不断取得良好经济效益的基础上逐步实现，不可急于求成。

(4) 正确处理综合发展与发挥地区优势的关系

我国少数大城市，服装工业门类齐全，协作配套强，技术力量充足，花色品种多，质量优且稳定，款式新，色彩丰富，有利于综合发展。有些地区，由于资源分布和经济技术的特点，应从本地区优势出发，建立合理地区分工，不可急于去搞门类齐全的综合项目，以使用最少投资取得最大经济效益。

(5) 正确处理大分散、小集中的关系

(6) 合理设计服装工厂发展规模

服装工厂建设宜小、不宜大；厂小，人员精，批量数量有限，正符合服装生产多品种少批量的要求；厂小，更改产品快，生产掉头容易，生产经营灵活多变，能适应市场变化需要。服装工厂建设规模以中小型厂建设为宜。

五、基本建设程序

一个基本建设项目，从任务提出到建设投产，一般要经若干阶段，其间并无严格界限，并不截然分开。基本建设的程序，大致经以下三个阶段：建设前期、建设期、生产时期。

建设前期：分设想和可行性研究两步；

建设时期：由初步设计、详细设计、洽谈与签订合同、制造与建筑安装和试车生产五步组成；

生产时期：由生产操作和生产维修两步组成。

现对以上阶段中各主要步骤作介绍。

1. 可行性研究阶段

1) 可行性研究的定义与目的

可行性研究是 20 世纪 30 年代美国为开发田纳西流域开始推行的方法，取得了很好作用。80 年代，这种方法得到不断充实和完善，扩大到各个建设领域，已成为一套系统的科学研究方法。

(1) 可行性研究定义。在建设前期，对工程项目的一种考察和鉴定。对拟建中的项目进行全面的、综合的技术经济调查研究，其目的是要判断该项目"行"还是"不行"，是确定要建设这个项目，还是放弃它的研究。

(2) 可行性研究，一般要回答下列问题。

① 本项目在技术上是否可行？

② 经济上是否可行？

③ 财务上是否可行？

④ 能否筹集到全部资金？

⑤ 需要多少资金？

⑥ 需要多长时间建成？

⑦ 需要多少物力、人力资源（包括建设期的设备、建筑材料和施工力量、还有其他物力及人力）？

总之，一是工艺技术、二是市场需要、三是财务经济。市场是前提、技术是手段、财务经济是核心。

2. 编制计划任务书阶段

计划任务书是确定建设项目和建设方案（建设规模、建设根据、建设布局和建设进度等）的重要文件，是编制设计文件的依据。其内容就大、中型企业来讲，一般有十项。

(1) 建设的目的和依据；

(2) 建设规模、产品方案、生产方法和工艺原则；

(3) 资源、水文、地质情况及原材料、燃料、动力、供水、运输等协作配合条件；

(4) 资源综合利用与"三废"治理要求；

(5) 建设地区或地点及占土地的估算；

(6) 防空、防震要求；

(7) 建设工期；

(8) 投资控制金额数；

(9) 劳动组织及劳动定员的编制；

(10) 要求达到的经济效益和技术水平；

(11) 改、扩建项目中还应包括原有固定资产利用程度和现有生产潜力发挥情况。

3. 选择建设地点(厂址)阶段

厂址选定常与计划任务书的编制交叉进行,由勘探单位、设计单位、协作单位共同进行,按计划任务书要求,在规定的建厂地区范围内,选择两或三个厂址方案,作比较分析,说明其优缺点,并提出最佳方案供上级主管部门审批时参考。

选址主要考虑三大问题:一是资源,原料是否落实可靠;二是工程地质和水文地质等建厂的自然条件是否可靠;三是交通运输、燃料动力等建厂的外部条件是否具备,经济上是否合理。

选址时要注意贯彻工业布局大分散、小集中、多搞小城镇的方针。有利生产、方便生活。要节约用地,考虑战备需要,要认真调查原材料、燃料、工程地质、水文地质、交通运输、电力、水源、水质、市场销售等建设条件,进行综合研究,通盘筹划,选最佳点。

4. 编审设计文件阶段

计划任务书和厂址选择报告审批合格后,就可以着手编制设计文件。计划任务书是进行设计的依据,设计是计划任务书的继续深化,设计是把先进技术和最新科学成果引入生产和建设的重要渠道,做到技术先进,经济合理,安全可靠。

设计工作按项目的大小和技术复杂程度分两个或三个阶段进行。大中型项目,一般采用两级设计,即初步设计和施工图;特大项目可增加技术设计阶段;小型项目,可将初步设计与施工图合并进行,不再分段。

初步设计的任务是要确定某时某地在某处进行某项建设的技术可靠性和经济合理性,解决建设对象最重要的经济和技术问题。经批准的初步设计及其所附设备、材料、清单和投资概算是进行设备成套订货、组织建筑材料供应、核定建设投资和拨款结算、征购建设用地以及编制技术设计和施工图设计的重要依据。没有获准的初步设计的大中型项目,一律不得列入计划,不得定购设备和材料,不得征用土地,以免发生混乱,造成浪费。

设计文件由技术和经济两部分组成。要编制设计概算,提交施工图,还要编制施工图预算。工程预算是银行拨付基建投资、办理结算的依据,也是施工企业进行经济核算的依据。

设计文件是工程建设的主要依据,经批准后不得擅自改动。凡修改涉及计划任务书的主要内容,如建设规模、产品方案、建设地点、主要协作关系等,须经原审批计划任务书的机关批准。凡修改涉及初步设计主要内容,如总平面布置、主要工艺流程、主要设备、建筑面积、建筑标准、总定员、总概算、建筑结构、井巷开拓安全卫生措施等,须经原设计批准机关同意,方可行动。未经同意,不得擅自改动。

5. 编制年度计划阶段

一个项目做完前四步之后,就可报请列入年度计划。只有列入计划,设计文件确定的年度投资、设备、材料、施工进度等才有保证。

施工图预算是建设项目的预算造价,其中包括:

(1) 建筑安装工程直接费;

(2) 建筑安装工程间接费;

(3) 建筑安装工程企业法定利润;

(4) 设备及工具、器具的购置费;

(5) 其他费用,不属以上费用,但又是基建不可缺少的费用。

6. 施工准备及设备订货

初步设计批准后,就可进行设备订货和施工准备。施工准备的内容有:征地、拆迁、编制施工组织设计、编制施工图预算、进行"三通一平"(水通、电通、道路通、平整场地)、建造临时设施、安排施工力量、准备好建筑材料、设备、施工机械、落实地方材料等。

7. 施工阶段

施工是设计的实现,也是基建实现的阶段。设计之后,施工成了决定性环节。施工准备就绪后可提出开工报告,经批准后开始施工。批准开工时,要先落实施工条件,做到计划、设计、施工三对口;投资、工程内容进度、施工图纸、材料设备、施工力量五落实,使配套工程、"三废"治理与主体工程相适应,使资金、物质、设计、施工力量与建设目的、任务、进度相适应。

合理施工顺序为:先厂外、后厂内;先土建、后安装;先地下、后地上;先辅助、后主体;先上游、后下游;先深后浅;先干线、后支线。要讲究"百年大计、质量第一"。

8. 生产准备阶段

生产准备是从施工到投产、从建设到生产的桥梁。生产准备内容有:

(1) 招收和培训必要的生产人员,组织他们学习技术,参加设备安装、调试和工程验收;

(2) 落实原材料、协作产品、燃料、水、电、汽等来源以及其他协作配合条件;

(3) 组织工装、器具、备品、备件的生产和购置;

(4) 组建强有力的生产指挥机构,制定管理制度,收集生产技术经济资料、产品样品等等。

9. 竣工验收、交付使用

竣工验收是全面考核建设成果、检查设计和施工质量的重要环节。验收的主要目的是确保工程质量和固定资产能及时动用。

竣工验收工作应由建设单位、设计部门、施工企业三方面合作,在建设项目具备投产使用条件时,提出竣工验收依据的报告,由主管部门组织验收委员会, 代表国家进行验收。验收委员会成员包括建设单位及其主管部门、经济计划部门、施工部门、公用事业部门、勘测设计部门、城市建设部门和其他一些业务对口部门。验收工作除检查建设项目是否按设计文件完成外,还应督促建设单位和施工部门整理技术资料、绘制竣工图纸,立卷保存,作为建设单位重要技术档案资料。对建设遗留问题,应确定处理办法,报主管部门批准,交有关单位执行。建设单位要编制竣工决算,报上级主管部门审查。

第二节　服装工厂设计依据与程序

一、服装工厂设计依据

1. 以基础资料为设计依据

主要指自然条件及技术经济资料,采取相应工程措施,做好厂区及生活区的建筑区规划,选定各类建筑物标高,制定出排水、防洪、抗震方案,并根据工艺计算,确定机器设备数量,作出车间布置及机器排列方案,以供其他设计专业参考。

2. 以技术先进和经济合理为依据

采用先进技术,必须从实际出发,要具备现实可能性和使用适应性。新技术采用,应是成熟技术。基建是生产,不是试验,未经通过技术鉴定或无试验报告证明长期运转确实可靠的产品,一律不能采用,不顾及具体情况,盲目追求先进,采用超现实的设备,致使经济上不能取得良好效果的做法,也不可取。应在设计中,既能体现技术先进适用,而又经济合理。

3. 以施工和运转为设计依据

设计文件既要便于施工,缩短建设工期,保证工程质量,又必须适应开工生产后运转要求,为提高产品质量、提高劳动生产率创造条件。

4. 以当前和长远的目标相结合为依据

基建是百年大计,一旦建成投产,便要长期使用,不但要适应当前需要,必要时还应技术改造。当今科学技术突飞猛进,新工艺、新技术、新设备层出不穷,在设计时,要预见到未来技术更新的趋势,合理规划厂区建筑,为发展留有余地。

5. 以节约土地为依据

节约基建用地是我国一项重要政策。厂区与生活区的布置,既要适用,又要紧凑;既要尽可能利用农业价值不高的土地,又要避免场地基础过于复杂,不适应建设而提高投资。

6. 以有利生产、方便生活为依据

基建目的是为了扩大再生产,满足人民日益增长的需要,为创造良好的工作环境,一切设施不但要从有利生产出发,确保安全、优质、高产、卫生,且要为职工生活创造便利条件,解决日常衣食住行需要,解除后顾之忧,美化环境、美化城市、文明生活、文明生产。

二、服装工厂设计程序

设计文件包括初步设计和施工图设计两部分。

1. 服装工厂初步设计文件主要内容

建厂地点概况叙述;设计指导思想;建设规模与产品方案;工艺流程;设备选型、工艺计算与机器配备;主要机物料供应量;劳动组织及定员;主要技术经济指标;综合利用"三废";总平面布置、总立面布置;总投资概算及有关图纸等。服装工厂"初步设计"的编制,通常包括以下各部分:

(1)总论

概述国民经济长、中、近期规划对本设计的要求;计划任务书所规定的设计依据;建厂地点的自然条件和技术经济条件,设计思想要点、设计方案先进性、合理性和可行性论证,总体布置等。

(2)工艺设计

按计划任务书中规定的产品方案和生产任务,确定工艺流程、生产计划、主机和辅机的选型及配备数量、车间布置和机器排列、车间运输、生产辅助设备的布置、主要机物料的需要数量等。

(3)空调与除尘

服装工厂空调要求不高,只要不妨碍工人操作即可;裁剪车间,在裁剪布料时有一定布屑尘,但不影响生产及人体,仅做改善即可。

(4)动力、照明、弱电及通讯系统

按建厂地供电特点和设计项目的负荷要求,合理布置厂区变电站和车间配电室的容量及位置,提出有关设备选型及数量,设计车间照明系统,布置弱电及通讯系统。

(5)给排水及污水处理

服装工厂生产无污水。给水包括生产、生活、消防用水。但雨水及生活用污水要有排污水系统。

(6)土建

结合工艺生产的需要和实际可能,选定各类房屋建筑形式、结构类别;根据设计规范,计算各类房屋建筑面积;确定总体布局和主厂房的平面、立面布置;根据有利生产、便利生活的精神,布置车间附属房屋;匡算主要建筑材料用量。

(7)生产辅助设施

确定动力车间、机修车间、运输设备和消防设施的布局。

(8)劳动定员

确定行政管理机构、生产车间、辅助部门和生活福利部门职工定员。

(9)总概算

包括建筑、安装工程、生产设备、工器具的购置费用和不属于以上范围,而又是基建必须的费用。

(10) 技术经济指标

初步设计应列出设计的技术经济指标，表明预计可达到的技术经济水平。主要有：

① 生产规模；

② 产品品种；

③ 全年总产量；

④ 全年耗用面辅料、机物料种类及数量；

⑤ 生产工人及职工人数；

⑥ 厂房形式、面积(包括主厂房及附属房屋)；

⑦ 厂区建筑系数及土地利用系数；

⑧ 投资回收期。

2. 施工图纸设计

包括建筑结构、施工、安装等所需用全部图纸和施工方法说明,生产设备安装、空调、电气、蒸汽、给排水设备管线布置及安装图、生产辅助设备及附属房屋内布置图等。施工图应标出各种构件及其装配图的详细尺寸、数量、使用的材料以及施工安装方法等。

设计文件包括两部分：初步设计和施工图设计。

初步设计的编制内容包括：总论、工艺设计、空调与除尘、动力、照明、弱电及通讯系统、给排水及污水处理、土建、生活辅助设施、劳动定员、总概算、技术经济指标。

施工图设计包括建筑结构、施工、安装等所需全部图样和施工方法说明。生产设备安装、空调、电、气、蒸汽、给排水设备管线布置及安装图,生产辅助设计及附属房屋内布置图等。

第三节 服装厂厂址选择与整体布局 ....

一、厂址选择

厂址选择就是要选择确定工厂的建设位置。选择是否合适,在建设时期,关系到建设投资、建设工期;在生产时期,关系到生产成本和将来的发展,因此,厂址选择至关重要。

二、厂址选择的自然条件

在厂址选择时,需对建厂地点的自然条件,技术、经济条件和社会条件进行深入细致调查分析和比较后方可确定。

1. 地理条件

(1) 地理位置。考虑海拔高度、所属行政区、与周围城镇企业的距离、市场条件、邻近地段的地理情况等,应尽量远离交通枢纽地段、大储油库、军事工程、飞机场、高压线等大型设施。

(2) 地形、地势。地形应平整,地势应平坦,自然坡度以 2%~4%为宜。

(3) 地表拆迁任务不大,应尽量少占农田。

2. 地质条件

(1) 了解厂址的地质结构,土壤类型、特点、载重能力等。

(2) 避免厂址选择在断层、滑坡、塌方、石灰岩、溶洞、流沙、淤泥及地下暗流上面,避免建在可开采矿藏、墓葬、旧井等上面。

(3) 考虑厂址的地震情况,收集当地的地震震级和裂度情况。

(4) 厂址地下水位不应高于工厂地坪标高,一般为-2.5 m 以内,地下水位最高也应在厂房建筑地基基础及工程管道底部平面以下,否则须有可靠防水措施,以免基础发生沉陷,造成严重事故。

(5) 占地迁址情况,说明厂址占地范围内有多少耕地(水田、旱田)及其单位产量,有无果树、木材或其他经济作物,需拆迁民房间数、户数及人口,估算补偿费用。

3. 水文资料

收集当地的水文资料,如水位、水质、含沙量、水温、河旁积水、河床变迁、上游排放污水情况以及周围的河流枯水期、洪水期流量,沿海地区的潮汐水位、洪水流向、淹没高度、持续时间等。

根据这些资料,一方面要考虑供应生产、生活用水,另一方面要建立防洪措施。

(1) 在靠近河流、山谷、水库地带建厂时,应对当地水文资料进行周密的调查研究,对河流枯水期、洪水期流量,水位,水质,含沙量,水温,河旁积水,河床变迁情况,上游排放污水情况、厂区附近有无深水源、河水供应生产及生活用水方面可能性,是否有自凿工业及生活用水深井的必要性。

(2) 在沿海及雨量集中地区建厂时,对潮汐水位、洪水流向、淹没高度和持续时间也应有准确记录,在靠近山谷及水库附近,更应对洪水的淹没范围进行了解,采取有利防洪措施。

(3) 厂房的地坪标高,应以 20~100 年的最高洪水位作参考(大厂取上限、中小型厂取中限及下限),地坪标高一般为+0.5 m,以防暴雨,常年雨量集中地区,洪水来不及排除时,厂区及生活区地下水管、排水管不应倒灌。

三、气象资料

一般参考建厂地区近 5~10 年记录资料,进行分析,作出相应决策。记录资料主要包括:

(1) 全年平均降雨量、一次最大降雨量及持续时间;

(2) 全年平均气温、最热最冷月份平均温度、最高、最低温度及其时间;

(3) 冬季积雪情况;

(4) 冰冻期及土壤冰冻深度、土壤温度等；

(5) 风向及其频率，根据此绘出风玫瑰图；

(6) 最高最低气压及全年平均气压。

四、经济社会条件

(1) 能源与交通。这是基础建设最重要的基本条件。不论在建筑期还是投产期，所需电力、蒸汽、煤气、煤炭等能源用量及供应方式，水路、铁路、公路及航空运输的必要性及可能性都必须具备充分条件，基建中"三通"即为能源供应、给排水系统、道路及通讯畅通。

(2) 原材料供应。服装工厂所需面料、辅料、机物料、零配件等在选建厂时，应对其品种、规格、型号、数量、来源及规定使用周期内周转存量设计明确。服装工厂大都是流水作业方式，各种物质、材料的供应与生产环节必须紧密配合，不可中断，造成停工，导致损失。

(3) 销售及市场。生产与销售不可脱节，市场信息要灵活准确，做到心中有数。建厂选址时，应从市场需求出发对产品方案妥善安排，生产适销对路的产品，并能适应市场不断变化的要求。

(4) 生产协作与专业化。现在生产要求质量不断提高，实行科学管理，"在竞争中求生存，在对比中求发展"。对原料来源，本厂加工产品与商业销售要紧密配合，合作，专业系列化，便于重点发展、集中管理。

(5) 充分利用城市公用事业。服装厂建厂选址要充分利用城市现有的道路、交通、燃料、电力、能源等生活福利设施及供应渠道，就地利用居民区、商业网点、中小学校、影剧院、公园等文化福利场所，以减少非生产性建设投资。

选择建厂地点不单纯是建设单位本身的任务，也是地区性经济建设中的工业布局问题。应由主管部门会同勘查、设计，遵循规定程序，取得可靠的调查资料。一切设计依据都必须经有关部门核实，并出具必要证明。选择厂址应有两个或三个对比方案供上级领导部门审核，经答辩讨论、择优选择。

五、总平面布局

总平面布局就是要确定建筑物、构筑物的相对位置以及交通路线，工程技术管线的美化设施的相互配置，最终目的是有利生产，方便生活，整个布置经济合理。

正确合理的总平面布局，在基建初期，可大大减少建筑工程量，减少建设投资，加快建设速度；在生产时期，可创造良好的生产组织、经营条件和生产环境；另外，可为城市建设创造完美的建筑艺术整体。

六、总平面布置原则

(1) 要满足生产工艺要求，保证生产作业连续化、快捷、方便，使厂内外运输相适应，避免往返运输及作业线交叉，避免人货流交叉；

(2) 注意节约土地,考虑合理地分期征用备用地;

(3) 要合理组织厂内外运输,选择方便经济的运输设施与合理的运输线路;

(4) 总平面布置应适应厂区的气候、地形、工程水文地质等自然条件;

(5) 总平面布置的设计必须满足卫生、防火、安全防护要求;

(6) 总平面布置应符合城市规划的要求。

七、总平面布局的技术要求

(1) 生产要求。应做到流程合理、负荷集中、运输畅通。

流程合理指正确合理地布置各生产车间的相互关系,保证工艺流程连续通顺,避免迂回曲折,使原料及成品的运输线路短捷。

负荷集中是指水、电、汽等公用工程耗量大的车间和单位,尽可能集中布置,形成负荷中心,同时将动力供应设施尽量靠近负荷中心,以减少各种工程管线,节约能源,节约材料。

流程合理和负荷集中,表现在运输方面也必然是短捷通畅的,但在总平面布置中,还须进一步结合厂内的划分,厂内外运输线的走向及地形、地质等条件,对交通、运输进行合理组织,避免倒运,减少交叉,运输线布置的通畅,表现在生产流程线的布置上要合理。

(2) 安全要求。尤其是防火,服装产品是易燃品,各区应合理布置,明火源应远离原材料库、半成品库、成品库,建筑物应符合一定的防火规定,配备一定的消防设施。

在满足生产要求同时,还必须满足防火、防爆、卫生、环保等安全要求。在总平面布置上应采取下列措施。

① 将生产车间、仓储设施、生活福利设施等分区安全合理地集中布置,降低危险发生可能性,要以防为主;

② 结合自然条件尽量减少危险因素。锅炉房、变电站、机修等明火源,尽量远离易燃物品。

③ 保持一定安全防火距离,减轻危害程度。据生产的火灾危险性,建(构)筑物的耐火等级,建筑面积等综合因素,合理保持各建筑物间距,并符合国家现行有关卫生、防火规定。

④ 合理组织人流、物流。总平面布置要考虑两者关系,既要使货运线路合理,也要考虑人行路线短捷方便,尽量避免两者交叉,以防事故发生。

⑤ 设计中人流、货流方向最好相反,并互相平行布置,将货运出入口与工厂主要出入口分开,货运量大的仓库设施要靠近运输路线布置。人员较集中的缝纫、裁剪、整烫、办公等,要尽量靠近生活区和工厂主要出入口布置,以使人流线路短捷,疏散时间较短。

八、总平面布局的程序和内容

(1) 划分功能区。根据车间性质、各部门职能,可划分为

① 主要生产车间。裁剪、缝纫、整烫车间。

② 辅助生产车间。检验、机修、电修、包装、CAD 等。

③ 动力设施。锅炉房、配电室。

④ 仓储设施。原材料库、机物料库、成品库。

⑤ 运输设施。车辆、道路、机械化运输等。

⑥ 行政福利设施。办公楼、食堂、浴室、卫生所等。

(2) 根据有利生产、方便职工的原则,首先进行各区之间的布置。一般主要生产车间处于厂区的中部,行政福利设施设在厂区前部,仓库、车库、油库设在厂后区。

(3) 具体布置各建筑物。如根据工艺流程布置各车间, 主要包括四个方面:

① 厂区平面布置;

② 厂区竖向布置;

③ 厂区工程管线铺设;

④ 厂区绿化、美化。

第四节 服装工厂技术经济指标

正确反映设计方案的各项技术经济指标是衡量设计方案是否经济合理的重要尺度,也为新厂投产后,加强企业的经济核算,尽快达到设计目标,制订发展远景规划打下良好的基础。影响企业各项经济指标的因素很多。企业之间、地区之间往往只能做到大体上可比, 不可能做到绝对可比。只有结合实际情况,进行全面的分析研究,方能正确地判断指标的高低。

新建厂的技术经济指标一般包括技术经济指标,投资分析,投资效果及钢材、木材、水泥耗用量。技术经济指标主要有如下几点:

(1) 生产规模。服装工厂生产规模多以年产多少产品以及能够生产产品的种类来表示。

(2) 年总产量。据开工班次、年工作日数、产品种类不同列表,计算每小时或每天的产量,以及年总产量。服装工厂多为每日一班,但有时任务紧迫时,多以延长加时工作为主。正常情况下每班按 7.5 h 计,全年按 247 d 计,同时应考虑到不可预见的停产日。

(3) 年耗用原料。主要指年耗用面料、辅料、机物料的用量。

(4) 动力消耗

① 用水量。包括软化水、生产用水、锅炉用水、生活及绿化用水,t/d;

② 用电量。包括设备装机容量及照明用电量,kW;

③ 用蒸汽量。包括生产、采暖、生活用汽量,t/h;

(5) 下脚量。主要是裁剪车间裁剪余碎料。

(6) 污水处理。包括生活、生产污水(服装工厂无此项),t/d;

(7) 全厂定员。根据定员制度编制各类人员,并算出各类人员占全厂定员百分率。

(8) 建筑面积。包括生产建筑面积及生活福利建筑面积。

(9) 建筑系数及土地利用系数。完整的设计方案,除生产厂房外,还应包括用水、用电、用汽、机修、仓库、福利设施等建筑物和构筑物的占地面积。在进行总平面布置时,为了说明厂区以内各种建筑物和构筑物的紧凑程度和土地利用情况,一般用建筑系数和土地利用系数来表示。

$$建筑系数 = \frac{厂区建筑占地面积}{厂区场地面积} \times 100\%$$

$$土地利用系数 = \frac{厂区建筑物及构筑物占地面积}{厂区场地面积} \times 100\%$$

服装工厂建筑系数一般在50%左右,土地利用系数在80%以上。

(10) 投资。包括建筑工程、设备购置及其它所需的全部概算费用。

参考文献

●●●●●●●●●●●●●●●●●●●●●●●●●●●●●●●●●●●●●

1. 杨以雄. 服装生产管理. 上海科学技术出版社,1994 年
2. 范福军、蒋晓文. 服装生产工艺学. 西北纺织工学院,2000 年
3. 万志琴. 服装生产管理. 中国纺织出版社,1999 年
4. 张文斌. 成衣工艺学. 纺织工业出版社,1993 年
5. 宁俊. 服装生产经营管理. 中国纺织出版社,2001 年
6. 姜蕾. 服装生产工艺与设备. 中国纺织出版社,2000 年
7. 周捷. 服装缝制与熨烫. 中国轻工业出版社,2001 年
8. 任林昌. 服装生产技术管理. 纺织工业出版社,1992 年
9. 王海亮. 服装制图与推板技术. 中国纺织出版社,2000 年
10. 张体勋等. 现代企业管理. 中国纺织出版社,2002 年